ALMENARA

ALMENARA

ANTOLOGÍA CONTEMPORÁNEA DE LA POESÍA ANDALUZA Y MARROQUÍ

Edición y selección de José Sarria
y Francisco Morales Lomas

POÉ
TIC
AS

Número 2 de la Colección Azul de poesía de Poéticas
Dirigida por José Sarria

Esta obra cuenta con una ayuda a la edición por parte de la Asociación Colegial de Escritores (sección Autónoma de Andalucía) y de la Asociación de Amistad Andaluza Marroquí - Foro Ibn Rushd.

Diseño y maquetación: Chari Nogales
www.charinogales.com
Imagen de portada: Juan Gómez Macías

Primera edición: octubre de 2024

© Del texto: los autores/poetas seleccionados
© Del prólogo, selección y edición: Francisco Morales Lomas y José Sarria
© De las traducciones: los traductores (listado al final del texto)

© Poéticas S.L.
Bulevar Louis Pasteur 5, planta 2, oficina 321, 29010, Málaga
www.poeticasediciones.es

ISBN: 978-84-10073-95-1
Depósito Legal: GR 1371-2024

Publica: Valparaíso Ediciones
www.valparaisoediciones.es

Impreso en España — *Printed in Spain*
Gráficas Gami

A Antonio Hernández, in memoriam

PRÓLOGO

Desde 1975 hasta la actualidad hemos tenido oportunidad de estudiar la literatura andaluza y marroquí desde diversas vertientes y ámbitos, de manera amplia y profusa. Y no solo a través de las antologías y ensayos que hemos venido publicando sino a través de los múltiples congresos, encuentros, lecturas… que sería prolijo enumerar en estos momentos, organizados desde la Asociación Andaluza de Escritores y Críticos Literarios, la Asociación Colegial de Escritores de España (Andalucía) y desde la Asociación de Amistad Andaluza Marroquí — Foro Ibn Rushd, así como desde diversas webs como la *Biblioteca de Escritores Andaluces* o *Hispanismo del Magreb*.

Con mucha profusión hemos tratado la obra de los poetas andaluces y marroquíes en estudios, reseñas y antologías desde el suplemento *Papel Literario* y más tarde desde revistas y publicaciones diversas. Ha pasado ya casi un cuarto de siglo desde que publicamos *Poesía andaluza en libertad* (2001), con un estudio de Morales Lomas sobre la poesía andaluza en las últimas décadas de finales del siglo XX o *Calle del Agua. Antología contemporánea de la Literatura Hispanomagrebí* (2008) de la que fueron autores José Sarria, Manuel Gahete, Abdellatif Limami, Ahmed M. Mgara y Aziz Tazi.

A lo largo de estos años del nuevo siglo XXI hemos ido publicando otras muchas selecciones poéticas, como *Poesía del siglo XX en Andalucía. Del Modernismo a Cántico* (2004) y la emblemática *Entre el XX y el XXI. Antología poética andaluza* (2007 y 2009) de Morales Lomas en dos volúmenes que muchos saludaron como la antología de la mediación entre las corrientes de la Experiencia o Nueva Sentimentalidad y la Diferencia o *Veinte años de literatura en Andalucía (1994-2014). Los premios Andalucía de la Crítica* (2014), de Morales Lomas y Manuel Gahete. Otras de las obras significativas para el conocimiento de la poesía árabe y marroquí fueron *Hijos de la travesía. Poetas árabes actuales en España* (2013) en edición de José Sarria o *La Frontera Líquida. Estudios sobre literatura hispanomagrebí* (2019), en edición de Manuel Gahete y José Sarria. El compendio más exhaustivo y de referencia en muchos estudios actuales ha sido la *Historia de la literatura española durante la democracia 1975-2020* (2022) de Morales Lomas donde ya aparecen los poetas andaluces de esta nueva obra que presentamos o *Cincuenta años de poesía en Andalucía (1970-2022)* en edición de Morales Lomas, Remedios Sánchez y Manuel Gahete, a las que se unen los más recientes estudios de José Sarria sobre la poesía marroquí, como son *Mar de Alborán. Antología de la poesía contemporánea andaluza y marroquí* (2020) y *La palabra iluminada. Antología contemporánea de la poesía hispanomagrebí* (2023).

Siempre es complicado para un antólogo elegir en cada momento qué poetas deben conformar una antología y máxime cuando se pretende que esta mantenga los necesarios equilibrios generacionales, territoriales, de estilos y tendencias o de género, un hecho (este último) que no es habitual todavía hoy día. Por ello, cualquier elección seguirá siendo motivo de controversia, pero también de desafío y honda expectación siendo conscientes de que hay otros buenos escritores y escritoras que podrían haber estado incluidos en la selección. El estigma siempre se hallará presente por la componente personal que hay en la elección, pero también por la presencia de diversos elementos que la van envolviendo: numerosas generaciones poéticas y el equilibrio hombre-mujer al que aludíamos.

Tal y como hemos escrito: "cualquier selección siempre es reducción, pero también decisión libérrima", por lo que esta acotación, a pesar de sus déficits, contribuye de manera jubilosa y luminaria a fertilizar el conocimiento mutuo de ambos espacios poéticos: Marruecos y Andalucía, en este caso, que es, sin duda, la base para el futuro acercamiento.

Una propuesta de conjunto, en definitiva, que a criterio de los antólogos visualiza, de manera efectiva, la poesía contemporánea de Marruecos y Andalucía: sus tendencias, sus apuestas personales o sus decisiones creacionales.

Una pléyade de poetas incluidos en la presente antología que representan el rico y variado caleidoscopio de escritores contemporáneos de ambas orillas, su pluriforme manera de entender el hecho creacional, la diversidad y la pluralidad de voces singulares que cohabitan en el conjunto de generaciones, escuelas o grupos líricos que acampan en los confines de ese legendario continente sentimental o matria de la emoción que abraza y abarca ambos territorios y que hoy se hace más luminoso desde esta almenara, desde este lugar de la luz que resplandece, más si cabe, gracias a la emoción que nos entregan los poetas.

FRANCISCO MORALES LOMAS
JOSÉ SARRIA

INTRODUCCIÓN.
Un acercamiento a la poesía marroquí contemporánea

El imaginario colectivo español contemporáneo es el que se ha ido forjando durante los últimos 500 años, sobre la base identitaria de la denominada pureza de sangre, basada en la supuesta supremacía de los denominados "cristianos viejos o castellanos puros". Bastaría tiempo y espacio, en este momento, para desarrollar la extensa polémica intelectual surgida de las posiciones encontradas, a tal fin, entre Américo Castro y Sánchez Albornoz. El primero defiende la influencia de la arabización del "homo hispanus" y la decisiva influencia judaica en el desarrollo histórico español. Por su parte, Sánchez Albornoz defiende que la esencia de España y de lo español estaba ya latente en los pueblos prerromanos que se asentaron en la Península, considerando casi anecdótica la aportación del judaísmo o de la islamización a la configuración de España que era y es, ante todo, cristiana y occidental, es más: "España solo se contempla desde Castilla", afirmará este otro investigador.

De ahí, que en España haya germinado un ancestral discurso "expurgador del pasado" del que habla González Ferrín, que pretendió presentar a España, durante demasiadas décadas, como:

"rubia y de ojos azules .../... en una sesgada visión que equivalía a europeizarse .../... bajo el freudiano síndrome que nos aqueja, de matar al padre" olvidando y alejándose de aquel otro tiempo áureo en que fuimos árabes[1].

---

1. GONZÁLEZ FERRÍN, E. (2018). *Cuando fuimos árabes*. Córdoba: Editorial Almuraza.

Y, por ello, que todo lo acontecido en la región septentrional africana, en materia social, cultural o literaria, haya sido tan desconocido para los habitantes peninsulares, en su tendencia secular por ignorar a la otra orilla, que el exembajador de España en Marruecos y Túnez, Alfonso de la Serna, en su obra *Al Sur de Tarifa*, hablara de "ese lejano Magreb de ahí enfrente"[2].

Gracias a los trabajos de Joaquín Guichot y a su *Historia general de Andalucía* (1869) y al posterior desarrollo que lleva a cabo Blas Infante acerca del concepto de identidad andaluza, expuestas en su publicación *Ideal Andaluz* (1915), es que el periodo islámico de Andalucía y de España (en el sentido oriental y de mirada mediterránea) cobra, por primera vez, gran relevancia en la aceptación de una identidad nacional mestizada desde aquel esplendoroso periodo andalusí que fue, durante siglos, luz del mundo medieval. Blas Infante se convertirá en la voz del primer intelectual que hace una llamada precisa y sin ambages a la tolerancia, a la interculturalidad, a la superación de fronteras y al establecimiento de diálogos y puentes entre religiones y civilizaciones, trazando los primeros caminos de acercamiento entre Occidente y Oriente, desde el punto de vista de reconocimiento de la identidad andaluza y española.

A ello se unieron los trabajos de Emilio García Gómez, quien conoció durante su estancia en Egipto (1927-1928) la obra de Ibn Sa´id al-Magribí[3] titulada *El*

---

2. DE LA SERNA, A. (2001). *Al Sur de Tarifa. Marruecos-España: un malentendido histórico.* Madrid:Marcial Pons Ediciones.

3. Ibn Sa´id al-Magribí (Alcalá la Real, 1208/1213) es precursor de la gran obra de al-Maqqari. En *El libro de las banderas* (conocido como el *Kitab Rayat*) recoge datos de 145 poetas y fragmentos de sus obras, tanto

libro de las banderas de los campeones (1243)[4], antología de la poesía arabigoandaluza, de los siglos X-XIII, publicado en España en 1942 ya que, a pesar de estar escrito para editarse en 1936, la Guerra Civil interrumpió su publicación. Este libro constituye la primera base del conocimiento de la poesía andalusí y junto a los *Poemas arabigoandaluces* (1930) fueron decisivos por su influencia en la Generación del 27, y más concretamente en Federico García Lorca y Rafael Alberti.

El periodo de la dictadura franquista supondrá un gran quiebro en esa línea de descubrimiento de la realidad que habían iniciado Joaquín Guichot, Blas Infante y Emilio García Gómez, entre otros intelectuales, pues el general Franco retomará los conceptos de España de Sánchez Albornoz, desempolvando de la historia el término de imperio bajo el engarce de elementos etnicistas y religiosos para crear una conciencia nacional de base ideológica excluyente.

Ese concepto unidireccional de la historia se acentúa entre los años 1956 a 1978, derivado de la humillación sufrida por la casta castrense dominante que tiene que abandonar los territorios colonizados norteafricanos que habían estado bajo el Protectorado Español de Marruecos desde 1912 a 1956.

---

de España, Portugal, Marruecos, Argelia, Ifriqiya y Sicilia, de los siglos X a XIII.

Por su parte, Al-Maqqari (1578-1632), fue un historiador, hispanista y escritor argelino. Su gran obra fue una compilación sobre la historia y la literatura de los musulmanes de Al-Andalus que lleva por título *Nafh at-tib min gusn al-Andalus ar-ratib wa dikri waziriha Lisan Addin b. Al-Hatib* (*Exhalación del olor suave del ramo verde del Alándalus e historia del visir Lisan ed din ben Aljathib*).

4. *El libro de las banderas de los campeones* (1243), es una antología de la poesía arabigoandaluza, de los siglos X-XIII, tanto de la península como del norte de Marruecos.

Esas premisas han forjado el ideario identitario de la inmensa mayoría de las últimas generaciones de españoles. Esta es nuestra realidad personal y nacional, ficticia e impostada, pero socialmente aceptada y sustentadas sobre dos ejes axiales falsos: (a) *El otro no existe*. Nueve siglos (año 711 a 1609) de presencia hispanomusulmana era explicada en dos páginas de los libros de texto de todas las generaciones de jóvenes españoles, durante casi 30 años: Abderrahman III, Ibn Arabí, Maimónides, Averroes, el rey poeta al-Motamid, Avempave, Abentofail, Ibn Gabirol o el rondeño Ibn Firnas, *nunca existieron* y (b) *El otro* (caso de que existiera) *es el enemigo*.

Son muchos los que han tenido que hacer un gran esfuerzo de búsqueda de la verdad y de abandono de todo el caudal emocional y educativo recibido durante largos años, para entender y aceptar las palabras de Octavio Paz: "España es incomprensible si se omiten dos elementos esenciales de su formación: los árabes y los judíos. Sin ellos, no podemos entender muchos rasgos de su historia y su cultura, desde la conquista de América a la poesía mística"[5].

Para los españoles, para los andaluces, se hace imprescindible, si queremos llegar a entender qué somos y quiénes somos, que descubramos a "ese Magreb tan lejano de ahí enfrente", porque si algo somos, es Mediterráneo, si en algo existimos es en el germinativo camino del Mare Nostrum de los latinos, pero también en la senda del Mar Blanco de los omeyas. Un mismo mar que nos acoge en el lapislázuli de sus espumas y que nos identifica en el espejo de las olas del Mediterráneo que nos acerca y nos abraza.

---

5. PAZ, O., entrevista en *Diario ABC* de 09/06/1987.

Para algunos estudiosos e investigadores, existe una *matria*, una región sentimental que trasciende las fronteras geográficas o políticas. Ese continente sentimental sirvió de casa común a los pueblos que habitaron y habitan en ambas orillas, lugar donde se encuentran, entrecruzan e hibridan culturas, lenguas o creencias, amalgamado por lo bereber, lo hispanovisigodo, lo árabe, lo sefardí y lo andalusí, donde, según los postulados del escritor hispanomagrebí, Farid Othman-Bentria Ramos, la cultura, y no la nacionalidad, conforman el ser literario de la obra.

Y a esa aventura de descubrir esa *matria*: la obra de autores contemporáneos, marroquíes y andaluces, que han sabido elevar una acendrada obra en la frontera de la épica cotidiana, donde lo marroquí se hace hispano o lo andaluz alcanza a *magrebizarse* es a la que se dedica la presente antología.

Pero, cualquier acercamiento investigador o crítico sobre la poesía que se lleva a cabo en el Magreb o en Marruecos, se encuentra con dos grandes dificultades a la hora de afrontar un mínimo análisis con rigor científico o académico: el aislamiento secular de ambos pueblos y la ausencia de traducciones.

Efectivamente, la primera gran dificultad, a la hora de asumir esta obra es la del aislamiento en el que han vivido ambas sociedades en los últimos siglos. A pesar de los sentimientos compartidos y de las relaciones seculares existentes, la distancia afectiva del pasado entre España, Andalucía y Marruecos, hace que este espacio se convierta en un territorio donde el desconocimiento literario del otro es casi absoluto. En España (y en Andalucía) apenas se conocen a los autores árabes y muchísimo menos a los marroquíes. No existe una tradición de estudio o análisis de los autores de Marruecos, siendo muy escasos los textos a los que acudir para llevar a cabo una investigación mínimamente rigurosa.

Es solo a partir de las grandes traducciones del eminente arabista Emilio García Gómez, que se empiezan a conocer a los autores árabes o andalusíes. Pero ese conocimiento se reduce a los autores del periodo clásico de al-Ándalus. También es importante señalar, y a ello ha colaborado la actual situación de desconocimiento, que el caudal de textos líricos impresos en Marruecos ha sido, hasta la mitad del siglo XX, extremadamente reducido. Según Abdellatif Laabi, entre 1912 y 1956 solo se habían publicado en Marruecos diez poemarios[6], habiendo sido las distintas antologías contemporáneas de poesía marroquí, traducidas al español (o las escritas por autores que se expresan directamente en español), los únicos soportes con los que se había contado acerca del conocimiento de la lírica del país vecino.

La segunda dificultad es la escasez de traducciones que pueda acercar a España la poesía marroquí y hacer asequible la lectura de estos autores. Los arabistas españoles, tradicionalmente, han centrado su trabajo en el acercamiento de escritores de extremo Oriente, antes que del Magreb.

Con la excepción de las magníficas experiencias de las revistas *al-Mutamid* (1947-1956), dirigida desde Larache por Trina Mercader, y *Ketama* (1953-1959), desde Tetuán por Jacinto López Gorgé, que llevaron a cabo la

---

6. LAABI, Abdellatif (2006). *La poesía marroquí. De la independencia a nuestros días*. Santa Cruz de Tenerife: Ediciones Idea.

conjunción en un mismo espacio de poetas españoles y marroquíes, con las traducciones de Trina Mercader y Leonor Martínez Martín, en esa época, así como las de Pedro Martínez Montávez o las de Jacinto López Gorgé, ya en los noventa, la experiencia no se volvió a repetir hasta el presente siglo XXI. El periodo que discurre desde la década de los años cincuenta y hasta finales de los noventa (40 años de ausencia absoluta), va a suponer un intervalo donde, prácticamente, no existe casi ninguna traducción de poetas marroquíes, limitándose a reducidas aportaciones de carácter antológico. Solo a partir del siglo XXI se producen las muy escasas traducciones de autores individuales con que contamos hasta el momento[7] (que no alcanzan más que a una veintena de libros), así como algunas antologías contemporáneas de poesía marroquí[8] entre las que destacan la gran antología *La poesía*

---

7. Mohamed Maimouni (Aula de Literatura José Cadalso, Cádiz, 2004), Mezouar El Idrissi (Cedma, Málaga, 2005), Mohamed Achaari (Quorum Editores, Cádiz, 2005), Mohamed Bennís (Ediciones del Oriente y del Mediterráneo, Madrid, 2006), Aicha Bassry (Alfar-Ixbilia, Badajoz, 2006), Murad Kadiri (Cedma, Málaga, 2007), Latifa Meskini (Aula de Literatura José Cadalso, Cádiz, 2007), Mehdi Akhrif (La manzana poética, Córdoba, 2008), Mohamed Ahmed Bennis (Colección Manantial, Córdoba, 2016), Imane el Khattabi (Centro Mohammed VI — Chile, 2017), Abdelmajid Benjelloun (Diwan, 2019), Hassan Najmi (Casa Poesía de Costa Rica, 2019) o Abdellatif Laabi (Pre-Textos, 2021), entre otros.

8. CHAKOR M. y MACÍAS S. (1996). *Literatura marroquí en lengua castellana.* Madrid: Editorial Magalia; BOUISSEF REKAB M. (1997). *Escritores marroquíes de expresión española. El Grupo de los 90.* Tetuán: Asociación Tetuan-Asmir; RIPOLL J.R. y FERNÁNDEZ PALACIOS J. (2001). *Poesía Marroquí contemporánea.* Cádiz: Revista Atlántica; LAABI A. (2006). *La poesía marroquí. De la independencia a nuestros días.* Santa Cruz de Tenerife: Ediciones Idea; REYES RUIZ A. (2007). *Voces del Sur. Poesía marroquí contemporánea.* Sevilla: Ediciones Alfar; PÉREZ BELTRÁN C. (2007). *Entre las 2 orillas. Literatura marroquí en lengua española.* Granada: Editorial Universidad De Granada; REYES RUIZ A. (2007). *Antología de la poesía feme-*

marroquí. De la independencia a nuestros días de Abdellatif Laabi (2006) o los trabajos del Grupo de Investigación de Estudios Árabes Contemporáneos de la Universidad de Granada, *Literatura marroquí de interés para las relaciones transmediterránea*s, dirigido por el profesor Carmelo Pérez Beltrán o los trabajos que desde la Universidad de Sevilla llevaron a cabo los profesores Antonio Reyes y Lola López Enamorado.

EL TRÁNSITO HACIA LA MODERNIDAD: EVOLUCION HACIA UNA POESÍA QUE SE DISTANCIA DE LA TRADICIÓN CLÁSICA

Con esos escasos soportes, lo más significativo que se alcanza a conocer es que la lírica marroquí, como toda la lírica árabe, ha transitado durante siglos por una poética subordinada al peso de la tradición, donde el poeta prescinde de su subjetividad, sin incursionar en las corrientes literarias que la modernidad impone.

No será hasta la década de los años sesenta, cuando la influencia del verso libre (*hurr*), que había instaurado de manera rotunda la iraquí Nazik al-Malaika con su poema "El cólera" y todos los cambios renovadores que llegaron con *al-Nahda* (el Renacimiento o Despertar árabe), que se

nina marroquí. Sevilla: Ediciones Alfar; Tazi A., Mgara A., GAHETE M., LIMAMI A. y SARRIA J. (2008). *Calle del Agua. Antología contemporánea de Literatura Hispanomagrebí*. Madrid: Ediciones Sial; TELLO J.A. (2018). *Al Sur de la palabra. Poetas marroquíes contemporáneos*. Zaragoza: Prensa De La Universidad De Zaragoza; SARRIA J. (2020). *Mar de Alborán. Antología de la poesía contemporánea andaluza y marroquí*. Málaga: Fundación Málaga; SARRIA J. (2023). *La palabra iluminada. Antología contemporánea de la poesía hispanomagrebí*. Priego de Córdoba: Ediciones Concejalia De Cultura.

apueste por un florecimiento cultural generalizado que abrirá paso a un crecimiento poético imaginativo, moderno e incardinado en la contemporaneidad, tanto en lo formal como en lo temático y que se llevará a cabo de manera definitiva e irreversible a partir de la década de los ochenta.

Los primeros balbuceos de la poesía marroquí contemporánea se contempla, tímidamente, a finales de los años cincuenta y principio de los sesenta, con motivo de la independencia de Marruecos (1956) y se define por su incursión en la modernidad, basando el hecho poético en el alejamiento de la instrumentalización a que se sujetó durante el tránsito de la colonización a la independencia, cuando su conceptualización obedecía a un pretendido cumplimiento de función social como dispositivo de concienciación nacional imprescindible frente al colonizador, subordinando lo literario a lo ideológico, bajo las consignas del Movimiento Nacional y apostando, frente al *statu quo*, por un tránsito hacia una nueva subjetividad, a través de valores como la belleza y la libertad.

La década de los años setenta contempla el adviento de una generación de jóvenes creadores que, desencantados con esa literatura patriótica y enfrentados a la cuestionable situación poscolonial del país, deciden emprender un viaje de búsqueda, cuestionando el modelo anterior nacionalista, oficial y tradicionalista, proponiendo desde una poesía renovadora e innovadora una visión diferente, una mirada progresista, de carácter marxista, que contribuya a la transformación social que incardine a Marruecos en la modernidad, rehuyendo del encorsetamiento del objetivismo y de los contenidos tradicionales: elogio, romanticismo y nacionalismo.

En este proceso es fundamental destacar la figura de Mohamed Bennís quien, en el año 1979, con el ensayo *El fenómeno de la poesía contemporánea en Marruecos*, coopera, desde el análisis de la situación, a elevar una propuesta de nuevas formas, de nuevas alternativas líricas. Junto a él, un grupo de jóvenes escritores como Mohamed Bentalha, Hassan Najmi y Salah Ouadie, fundan la imprescindible Casa de la Poesía en Marruecos, que, apoyándose en la herencia de revistas como *Aqlam* (1964-1982), *Souffles* (1966-1972) o *Athaqafa al Jadida* (1974-1984) y a los manifiestos que aparecieron muchos años antes como *Poésie toute*, escrito por Mostafa Nissabouri y Mohammed Khaïr-Eddine, y los redactados por el propio Mohamed Bennis se elevan como los instrumentos esenciales para desembarazarse del realismo social impuesto por el modelo nacionalista de décadas pretéritas y desarrollar una estética de la oposición que se preocupa por experimentar, desde la protesta y la agitación, desde la aventura lírica, por conseguir una voz propia, incluso estridente: la singular voz del poeta comprometido, esencialmente, con la palabra (subjetivismo frente al objetivismo).

Los años ochenta serán o significarán la verdadera transición hacia la poesía moderna en Marruecos, como concepto de poesía liberada de la ideología y la política, encontrando su sustento en la memoria y la encendida imaginación, en el absoluto metafísico, en los mitos o en la creación pura.

Poetas primordiales o pioneros para el establecimiento de la poesía marroquí contemporánea serán, Abdelkrim

Tabbal, Mohamed Serghini, Ahmed Mejjati, Mohamed Maimouni, Mohammed Khammar Guennuni, Abderrafi Jouahri, Ahmed El Joumari, Ahmed Ait Belhaj Ourham o Ahmed Sabri.

En los años sesenta/setenta se incorporan otros nombres, como Abdellatif Laabi, Tahar Benjelloum, Abdelkebir Khatibi, Mostafa Nissabouri, Mohamed Khair-Eddine, Mohamed Loakira, Malika Assimi, Ahmed Lemsyeh, Mohamed Achaari, Mohamed Bentalha, Abdellah Zrika, Abdelmajid Benjelloun, Mehdi Akhrif, Mohamed Bennís, Abdellah Rajea, Ahmed Belebdaoui, Allal Hajjam, Mohamed Chikhi, Rachid Moumni, Abderrahman Bouali, Driss Maliani, Abdellatif Benyahia, Ahmed Benmaimoun, Aniba Hamri, Mohamed Taubi, Mohamed Benamara, Mohamed Ali Rebaoui, Hassan el Amrani o Ayachi Abouchitae.

Posteriormente, y hasta la actualidad, otros poetas de gran interés se incorporan a la caudalosa alfaguara de la poesía marroquí contemporánea, que aporta un considerado contingente de voces femeninas: Zohra El Mansouri, Ouafa El Amrani, Touria Madjouline, Iman El Khattabi, Aisha Bassry, Ouidad Benmoussa, Latifa Meskini, Amina Lamrini, Fatiha Morchid, Fatima Zahra Bennis, Amal Akhdar, Sabah Debbi, Fatima Maimouni, Oulaya Idrissi, Sukaina Habiballah, Aicha Belhaj, Nassima Raoui, Dami Omar, Rachida Madani, Siham Boujlal, Dalila Fakhri, Hafida Farissi, Nisrin Ibn Larbi o Lamiae El Amrani, junto a las voces de Hassan Najmi, Khalid Raissouni, Abdesselam Moussaoui, Moubarak Oussat, Nabil Mansar, Ahmed Barakat, Salah Ouadie, Ahmed Hachem Erraissouni, Mohamed Aziz Lahsini, Mohamed Boudouik, Mohamed

Bachkar, Aziz Azghai, Mohamed Chergui, Driss Issa, Mourad Kadiri, Saad Sarhane, Yassin Adnan, Abdelhamid Jmahri, Mohamed Hijji Mohamed, Mohamed Sabir, Abderrahim Khassar, Najib Kheddari, Mohamed Boujbiri, Mohamed Arch, Jalal Hakmaoui, Mahmoud Abdelghani, Mohamed Salhi, Jamal Baoudouma, Redouan Aesaten, Abdeddine Hamrouch, Hassan el Ouazzani, Ahmed Mohamed Hafid, Abdelilah Salhi, Asaad Bazi, Abdeljawad Khanifi, Jamal Moussaoui, Mohamed Ahmed Bennis, Said Koubrit, Abdelali Demiani, Mohamed el Aannaz, Mohsin Akhrif, Mohamed Abid, Ahmed Assid, Boujemaa Aoufi, Salah Bousrif, Abdellah Ouriach, Mohamed Chakor, Aziz Tazi, Aziz Amahjour, Adil Latefi, Driss Mesnaoui, Farid Othman Bentria Ramos o Mehdi Mesmoudi, entre muchos otros.

Para una catalogación (muy general) de la poesía marroquí contemporánea desde el pasado siglo XX hasta la actualidad, podríamos decir que esta se podría agrupar en tres grandes grupos, más o menos homogéneos de escritores. Tres grupos que han promovido una lírica portentosa que han conseguido implementar, de manera constitutiva y rotunda, la ruptura con la extensa tradición lírica árabe y su incontestable incorporación a la modernidad, en un proceso de renovación continua: la generación "colonizada", que escribe durante la época del Protectorado marroquí y hasta su Independencia (1912-1956), en la que se produce la denominada "poesía de resistencia"[9] (1912-1930), la generación "nacionalista" que desarrolla su actividad en el marco del proceso independentista, al

---

9. LAABI, A. *Ibid.*

amparo de la consolidación del Movimiento Nacional de Marruecos (1930-1960) y que propicia la inmersión, de manera efectiva, en la corriente de la *Nahda* árabe que derivará hacia los primeros aires de renovación en el ámbito de la poesía marroquí y, finalmente, la generación de la "modernidad" o "contaminada" (1960 hasta nuestros días), que impulsa su actividad influenciada por los contactos con autores extranjeros, en los años sesenta y siguientes y que contribuye a la elaboración de una poesía vanguardista o de búsqueda hacia nuevas formas expresivas y constructivas.

UNA POESÍA PLURIFORME QUE DIALOGA CON OCCIDENTE E INSERTADA EN LA MODERNIDAD

Aunque tardíamente, respecto de otros países orientales, la poesía en Marruecos ha emprendido, desde hace décadas, un extraordinario viaje que la ha llevado a "ocupar su lugar en la aventura de la poesía moderna", tal y como ha señalado Abdellatif Laabi[10] y que obedece al proceso de renovación continua, desde un intento de profundizar de nuevo en el ser humano, así como al lugar que ha de ocupar en el mundo y en las relaciones sociales, asistiendo actualmente a una gran pluralidad y heterogeneidad de registros en la conceptualización poética marroquí, al nacimiento de una diversidad que rehúye de los parámetros ideologizados y transita hacia la búsqueda, hacia la indagación de la libertad creativa y expresiva,

---

10. LAABI, A., *Ibid.*

cuando no de la experimentación. Desde aquí, el elemento imaginativo, esencial en la construcción de toda obra creativa, tal y como nos enseñó Jorge Luis Borges: "¿Qué significa para mí ser escritor? Significa simplemente ser fiel a mi imaginación"[11], se impone en la poética de Marruecos frente a la pretérita instrumentalización lírica, desde la elevación de un verso libre, plástico y arriesgado que ha sabido superar, definitivamente, el corsé de las formas clásicas, de la objetividad, para llevar a cabo una obra fundante e insertada en el subjetivismo de la modernidad.

Los cuatro grandes rasgos que definen a la poesía marroquí contemporánea, en un intento de síntesis extrema, serían: diversidad lingüística vehicular, esencialidad, heterogeneidad y diversidad creativa y una germinativa poesía escrita por mujeres.

DIVERSIDAD LINGÜÍSTICA VEHICULAR

Una de las características que más sorprenden a quien se acerca a la poesía marroquí es su fecundidad vehicular, cuyo caudal expresivo se materializa, fundamentalmente, en cinco lenguas diferentes (aunque hay autores que escriben en otras lenguas como inglés o hasania): árabe clásico, dariya (árabe dialectal marroquí), francés, español y, recientemente, el tamazigh o lengua bereber autóctona de la región, sin que ello suponga conflicto alguno, antes bien, entendido como riqueza patrimonial del país.

---

11. BORGES, J.L. (2001). *Arte poética. Seis conferencias*. Conferencias pronunciadas en la Universidad de Harvard (1967-1968). Barcelona: Editorial Crítica.

ESENCIALIDAD

Uno de los aspectos más singulares de la poesía marroquí contemporánea es su aspecto de esencialidad, de búsqueda de la palabra exacta, en la estela de Juan Ramón Jiménez, Ángel Valente o Antonio Gamoneda, practicada por algunos de los grandes nombres de la lírica marroquí, como Abdellatif Laabi (1942), que practica una poética de la conciencia caracterizada por el sentido ontológico de la palabra dirigida a descubrir la experiencia última de la libertad, Abdelmajib Benjelloun (1944), quien desde una heterodoxia aforística, nos presenta una poesía intimista, instalada en un extraordinario marco reflexivo-filosófico, Mohammed Bennis (1948), de quien Antonio Gamoneda ha dicho que es "un ángel extraño, el rey de los agrimensores capaz de crear un instante cubierto de inmensidad"[12] o Khalid Raissouni (1965), poeta de firmes convicciones personales y sociales, en quien el poema se convierte en camino sustancial hacia la verdad, revelación interna, certeza y encuentro con la autenticidad, más allá de lo epidérmico o la simple experiencia de los sentidos, que enlaza con el camino de los poetas sufíes.

Son poetas que quedan fuera de encasillamientos, ya sean ideológicos o canonísticos, autores cuya poesía trasciende de lo local y se hacen universales, en una suerte de fraternidad universal con el hombre y la palabra (el humanismo solidario del que venimos hablando desde hace una década), ofreciéndonos una acendrada poesía del silencio y de la conciencia, de indagación existencialista, a

---

12.   BENNIS M. (2006). *El don del vacío*, prólogo de Antonio Gamoneda. Madrid: Ediciones Del Oriente Y Del Mediterráneo.

veces rayana con el hermetismo, donde el mundo interior
pasa a ser el protagonista, para elevar una poesía deso-
lada, usando a veces el fragmento, a veces la síntesis del
minimalismo expresivo.

HETEROGENEIDAD Y DIVERSIDAD CREATIVA

Ha dicho Mohammed Bennis lo siguiente: "El poema
marroquí moderno, en este sentido, es búsqueda silencio-
sa de una expresión de la vida y de la muerte. Espacio en
el que la lengua se encuentra con un poeta que sabe que
está saliendo, solitario, de un silencio muy lejano, y que se
sabe fascinado por un determinado humanismo poético
atento a su época ../... así resiste a una agitación creciente
y al ruido triunfante del poder de la información, del con-
sumo y de las hegemonías"[13]. Algo parecido a lo que viene
ocurriendo en España desde los años 90.

Y, en ese maravilloso caleidoscopio que es la poesía marro-
quí contemporánea, es destacable su heterogeneidad y su di-
versidad creativa, fruto de una riqueza lírica extraordinaria:
desde la "poesía popular" de Mourad Kadiri (1965) y Ahmed
Lemsyeh (1950), vehiculada en dariya, a la poesía pura de
Abdelkrim Tabbal (1931), el gran maestro atemporal que de-
sarrolla una poesía más allá de corrientes y modas.

Junto a ellos, la poesía de Mohamed Achaari (1951)
que transita en perfecta conjunción desde la tradición clá-
sica árabe hacia la aventura de la modernidad para pre-
sentar una poesía equilibrada, renovada y esencial; Tahar

---

13. JOSÉ RAMÓN RIPOLL J.R. y FERNÁNDEZ PALACIOS J.
(2001). *Poesía Marroquí contemporánea*. Cádiz: Revista Atlántica.

Ben Jelloun (1944), poeta cuya inmensa obra narrativa y ensayística ha opacado una poesía de intenso aliento, inconformista y comprometida, bajo la presencia de lo arrebatado y de lo aniquilado; Abdesselem Moussaoui (1958), cuya obra es inseparable de un pensamiento humanista profundo, comprometido con el hombre y con la palabra, incardinado en la necesidad de dignificar al ser humano a través del lenguaje lírico; Hassan Najmi (1959) "el arte de la fragilidad", dice de él Abdellatif Laabi[14]; Mohamed Bentalha (1959) que inicia su proceso lírico en el momento en que la poesía marroquí ya ha superado la dialéctica entre tradición y modernidad, siendo la suya una poesía de supervivencia en la que esta se establece como bastión de la conciencia del poeta; Nabil Mansard (1965) representa la renovación del lenguaje poético, bajo leyes que romperán las tradiciones lingüísticas y los convencionalismos bajo el amparo de una poesía subversiva que se afianza con su tonalidad apodíctica y se apoya en paradojas, en el versolibrismo y en la rebelión como armas frente a lo establecido, en un intento de superar lo incomprensible o los poetas que escriben en español como Aziz Tazi (1961), Aziz Amahjour (1965), Farid Othman Bentria Ramos (1979) o Mehdi Mesmouidi (1987) que contribuyen a enriquecer el caudal lírico marroquí desde la lengua de Cervantes.

En la actualidad, asistimos a una gran pluralidad y heterogeneidad de registros en la conceptualización poética marroquí, al nacimiento de una diversidad que rehúye de los parámetros ideologizados y transita hacia la búsqueda,

---

14. LAABI, A., *Ibid.*

hacia la indagación de la libertad creativa y expresiva, cuando no de la experimentación. El rico y variado caleidoscopio de escritores contemporáneos marroquíes, su pluriforme manera de entender el hecho creacional, la diversidad de tendencias y la abundancia de voces singulares que cohabitan en el conjunto de generaciones, escuelas o grupos líricos, que han escrito su obra en y desde la libertad, hacen posible ofrecer a los lectores la riqueza lírica, la caudalosa y portentosa voz, el continente mágico de los poetas, su ensueño y fantasía, su desbordante imaginación que se nos ofrece áurea y frutal gracias a su prodigiosa palabra iluminada que opta por la incursión en el territorio de la libertad, donde se vislumbra una nueva realidad, humanista y solidaria.

LA PRESENCIA DE LA POESÍA ESCRITA POR MUJERES

Uno de los rasgos definitorios de la poesía marroquí contemporánea, frente a los estereotipos existentes, es la incorporación firme y fundante de voces femeninas al conjunto de la lírica marroquí, entre las que destacan: Malika Assimi (1946), antes de ella la poesía en Marruecos era casi monopolio de los hombres, junto a Ouafa Lamrani (1960) y Touria Majdouline (1960), significan, posiblemente, las tres voces de mujer más sólidas del momento, a las que se unen Aicha Bassry (1960), Siham Boujlal (1966), Amal Akhdar (1967), Ouidad Benmoussa (1969), Latifa Meskini (1970), Iman el Khattabi (1974), Lamiae El Amrani (1980), Nassima Raoui (1988) o Hafida Farissi

(1990). En todas ellas, la feminidad no es algo pasajero, ni juegos de moda ocasionales, sino una auténtica proclama de su condición de mujer que apuesta por esta vía, decidida a encontrar la plenitud en su ser femenino, incluso en su cuerpo.

No escriben poesía "de mujer" sino poesía "como mujer"; no poesía femenina, ni poesía para la mujer, sino poesía como mujer. Poesía desde la condición de mujer que reivindica esa feminidad, bajo una silente reivindicación de lo femenino que cuestiona la construcción histórica de la feminidad y que trasciende de lo impuesto y que ha conseguido el respeto de los lectores y encontrar un espacio propio, esa habitación propia de la que nos hablaba Virginia Woolf[15].

JOSÉ SARRIA

---

15. WOOLF V. (2023). *Una habitación propia*. Barcelona: Editorial Seix Barral.

INTRODUCCIÓN.
Un acercamiento a la poesía andaluza contemporánea

Las/los dieciséis poetas andaluces seleccionados, ocho hombres y ocho mujeres, han sido por fecha de nacimiento: Rafael Ballesteros (Málaga, 1938), Antonio Hernández (Cádiz, 1943), Juana Castro (Córdoba, 1945), Rosa Romojaro (Algeciras, 1948), Fanny Rubio (Jaén, 1949), Ana Rossetti (San Fernando, 1950), Ángeles Mora (Rute, 1952), Antonio Enrique (Granada, 1953), Manuel Gahete (Córdoba, 1957), Juan José Téllez (Cádiz, 1958), Luis García Montero (Granada, 1958), María Rosal (Córdoba, 1961), Balbina Prior (Villaviciosa de Córdoba, 1964), Álvaro García (Málaga, 1965), Raquel Lanseros (Jerez de la Frontera, 1973) y Fernando Valverde (Granada, 1980). Establecer elementos de unión entre ellos es bastante complejo porque son escritores de diversas generaciones y con una poesía muy personal y diferenciada. Entendemos que cualquier relación entre ellos acabaría teniendo cierta artificialidad. No obstante, se podrían precisar algunos elementos coincidentes. Rafael Ballesteros, cinco años mayor que Antonio Hernández participa de una misma época creativa, pues ambos comenzaron su producción en plena dictadura, en los años sesenta, y tuvimos oportunidad de estudiarlos en nuestro libro *Poetas del 60 (Una promoción entre paréntesis)* (2015).

Se podría establecer entre Castro, Rubio, Romojaro, Rossetti, Mora, Rosal y Prior la conformación de un mundo propio de la mujer como lema permanente y su clara voluntad de hacer partícipe a esta de su propia personalidad con fortaleza y con la voluntad de ruptura con el imaginario creado en torno a ella, considerado como una creación adulterada o remedada de la femineidad.

También se ha visto alguna relación entre la visión lírica de Luis García Montero y Juan José Téllez. Incluso algunos críticos los incluyen dentro del mismo movimiento poético de la nueva sentimentalidad; y, aunque, más jóvenes y pertenecientes a otra generación, Raquel Lanseros y Fernando Valverde se consideran en cierto modo fiduciarios de la poética de la nueva sentimentalidad de García Montero aunque con sus propias especificidades en la poesía ante la incertidumbre. Muy lejana a la poesía de Manuel Gahete inserta en el Renacimiento y Barroco con evoluciones hacia el Humanismo Solidario y la de Antonio Enrique en el movimiento de la Diferencia, o la de Álvaro García del que decía Baltanás que es un poeta de la experiencia que no parece poeta de la experiencia. En realidad, se inicia en ella aunque su discurso transcurre por otros derroteros.

La poética de Rafael Ballesteros siempre ha supuesto una subversión de los cánones poéticos al uso aunque no podemos olvidar su inserción en el Renacimiento y el Barroco en su *dispositio* lingüística y formal, y la trascendencia que esta tiene en su obra junto a autores del vanguardismo postista y la figura de Gabino-Alejandro Carriedo. Su obra es extensa desde el inicial *Las contracifras* (1969), *Turpa* (1972), diversas versiones de *Jacinto* (1993-2008) -la última con introducción de Julio Neira-, *Numeraria* (1986), *Testamenta* (1992), *Los dominios de la emoción* (2003), *Nadando por el fuego* (2012), *Contramansedumbre* (2013),

Jardín de poco (2021), *Perseverancia* (2022), *Almendro y Caliza* (2023)... Rafael Pérez Estrada nos hablaba de la atemporalidad como uno de sus rasgos definitorios, junto al ritmo y la comunicación, pero también del dominio del lenguaje y de la transgresión. José María Balcells en su momento se refirió a su hermetismo y al nihilismo radical, aunque selectivo, que plantea continuas preguntas e interrogaciones sobre la existencia, y Juan José Lanz de una poesía como espacio de convivencia y diálogo compartido con los demás siempre atento a la intimidad de las palabras y su fundamento. Con ellas necesita explicar el mundo en el que vive, su proceso de cambio, su perplejidad, pero también precisa rastrear en su mundo propio, en sí mismo, en su propia razón de ser más allá de la esfera del conocimiento, del sentimiento o de las vivencias, con la experiencia del lenguaje como guía, como decía Rosa Romojaro, y en la última etapa la resignación, el amor a la vida, el apego a la belleza del mundo y la poesía como redención.

La poesía de Antonio Hernández se ha mantenido siempre en la heterodoxia estética y la excelencia del cultivo de la palabra, adecuando la experiencia personal y social al cauce expresivo singular de una lírica de raíz humanista y cívica al mismo tiempo que hondamente neorromántica. En su poesía cabe la tradición lírica del Sur con el paisaje, la cultura y la idiosincrasia propias desde una visión desmitificadora y desde la memoria, con una pulsión nostálgica que entra cuando la tierra está en el recuerdo. Con incursiones en el ámbito indagatorio o existencial desde un culteranismo de plenitud tardía en el que vertebra un mundo propio. Con un lenguaje cuidado y un caudal de gran variedad y registros lingüísticos, desde las noticias de periódico, las frases hechas de la realidad cotidiana, el lenguaje axiomático, las intertextualidades... Una construcción personal, una historia del corazón, una sumisión a Andalucía, al ámbito familiar, a sus afectos y a sus derrotas. Su poesía no puede permanecer ajena al pellizco del estremecimiento, de la emoción y a la cargazón de lo vital que rezuma una pasión encontrada. Entre sus obras podemos citar: *El mar es una tarde con campanas* (1965), *Donde la luz* (1978), *Homo Loquens* (1981), *Compás errante* (1985), *Lente de agua* (1990), *Sagrada forma* (1994), *Habitación en Arcos* (1997), *El mundo entero* (2000), *A palo seco* (2007), *Nueva York después de muerto* (2013), *Viento variable* (2016)...

En Juana Castro la crítica ha querido ver una lírica muy feminista con un fuerte contenido autobiográfico, lo que deja de ser cierto en obras como *Del dolor y las alas* (1982), escrito a raíz de la muerte de su hijo, o *Paranoia en otoño* (1983), reflejo de un intenso sentimiento amoroso, pero no se olvide que para Castro toda poesía hay que entenderla como «un medio de conocimiento de mí misma y del mundo que me rodea. En el proceso de la escritura es donde voy encontrando las respuestas a la vida», de lo cual se deduce que cada libro salido de su pluma es una concesión a las preocupaciones del momento y al clímax poético que la embarga, «desde la carne» de la mujer que sufre, goza o se dispone a vivir y a rememorar la infancia pasada, que no es otra que la repetición de otras muchas infancias anteriores que la identifican como un eslabón más de una genealogía femenina familiar y literaria. Una voz consolidada en el panorama nacional que puede ser un revulsivo para las nuevas generaciones por lo que de actitud ética hay en ella, pero también ante el hecho estético en cuanto al cultivo de la palabra para organizar un mundo muy personal donde la "nueva" mujer está muy presente y también la mitología de lo vulgar épico, con fuertes connotaciones personales, el ensalzamiento de conceptos universales en aras de que la anécdota no lastre el proceso creativo y lo trascienda, el discurso de desagravios ante la condición femenina... Entre sus libros podemos citar: *Cóncava mujer* (1978), *Del dolor y las alas* (1982), *Narcisia* (1986), *Arte de cetrería* (1989), *Del color de los ríos* (2000), *El extranjero* (2000), *Los cuerpos oscuros* (2005), *Cartas de enero*, en *Heredad* seguido de *Cartas de enero* (2010), *Antes que el tiempo fuera* (2019)...

La poesía de Rosa Romojaro tiene su ámbito vital en la realidad cotidiana, que es observada con meticulosidad y descrita con el intento de trascenderla. Es una realidad frecuentemente tamizada por un desprendimiento elegíaco, por un aroma a suave sándalo que penetra en la dermis y la convulsiona. Como decíamos en *Poesía viva. Ensayos de poesía española* (2013), sus versos transportan las sensaciones con un deje de tribulación y de sus palabras se desprende un doliente reguero y un sabor que recorre el ámbito de la sombra, el agotamiento, la palidez, la clausura. Una lírica de corte claramente consciente que desprende un aroma sombrío y adverso, sin sonoridades desbordantes, pero como el cuchillo que penetra con suavidad, pero férreamente, en el secreto de las cosas y de la existencia. Gema Libertad Guzmán decía en su tesis que su poesía busca difuminar las huellas de subjetividad y el patetismo en la voz poética, llevando a cabo cuestionamientos de naturaleza existencial con fundamento y correspondencia que reflejan el asedio a una identidad tanto en lo formal como en lo simbólico. Pero también existe la voluntad de experimentación a partir de la propia tradición combinando y reelaborando elementos líricos modernos con claves y símbolos de la poética clásica y de la mitología. Podemos citar: *Secreta escala* (1983), *Agua de luna* (1986), *La ciudad fronteriza* (1987), *Poemas para escribir un poema y otra poema* (1999), *Zona de varada* (2001), *Poemas de Teresa Hassler* (2006), *Cuando los pájaros (2010), Mirar el mundo* (2014)...

La poética de Fanny Rubio ha ido evolucionando a lo largo de los años desde unos poemas iniciales de compromiso ideológico al mismo tiempo que una apertura a lo *beat* y lo nuevo. Molina Damiani lo explicaba diciendo que "ante la tesitura de dejarse coger por la decadente resaca de la legión de los venecianos o por la pendiente neoliberal (...) siempre ha defendido el superromanticismo radical de su realismo". Una lírica que se adentraba en lo *beat*, el pop, la ciudad, los postimos... pero que se encontraba con una vital afirmación de la vida, en su irónica y mordaz crítica de sus contrarios signos de destrucción, y en la exaltación y reconocimiento de la grandeza humana. Surge una sensación de agonía en un mundo que no es el suyo, que no le reconoce, donde se trata de sobrevivir. Umbral (1989) percibía ya en su obra el paso de la poesía social de libros anteriores a la poesía gimferreriana. En otros momentos puede percibirse como un sarcasmo en torno a una etapa de la que no está ausente la actitud crítica que pudiera parecer feminista con la disposición especial de la sexualidad, las contradicciones de esta lucha o la ofensiva contra la violencia. En *Dresde* expresaba incluso simbólicamente su fascinación por la ciudad aniquilada como metáfora de nuestra cultura. Entre sus obras citamos: *Primeros poemas* (1966), *Acribillado amor* (1970), *Retracciones* (1979), *Reverso* (1988), *Retracciones y Reverso* (1989), *Dresde* (1990), *En Re Menor* (1990), *Urbes* (1991), *25 poemas* (2017)...

Ana Rossetti es una escritora dionisíaca, cirenaica y epicúrea. Si para el autor de la *Epístola a Meneceo*, "todo es cuerpo", también lo es para la escritora gaditana, y los sentidos el instrumento del conocimiento del mundo y el cuerpo como lugar en el que reside toda esperanza de hacer una cultura. Ese principio vertebrador ha conducido hacia un lenguaje sensitivo, más que sensual, vivencial, en el que deconstruye el lenguaje tradicional falocéntrico y lo dota de una ambigüedad consentida, de modo que abandona la antinomia masculino-femenino y se adueña de un lenguaje «otro» renovado y no enfrentado. En otros momentos en su lírica hay un pasado poblado de ídolos, mártires, mitos, y una casa, espacio privado que con frecuencia se incardina en todo su quehacer literario. Literatura evocadora, barroca, libre y mitológica sin afán de provocación, pero provocadora ante la gazmoñería social que rige las convenciones. En definitiva, la elaboración de un mundo ficcional donde se ha producido un escrutinio de la mitografía ancestral y una transgresión de los mismos desde otros apócrifos actuales donde lo místico y lo simbólico, lo erótico y concupiscente están ensamblados en un neoculturalismo empático con una suerte de malditismo estético donde existe mucho de teatralización y creación de una ficción personal y vitalista. Entre sus títulos podemos citar: *Los devaneos de Erato (1980)*, *Dióscuros* (1982), *Indicios vehementes* (1985), *Devocionario* (1986), *Punto umbrío (1996)*, *El antagonista* (1999), *Llenar tu nombre (2008)*, *El mapa de la espera (2010)*, *Deudas contraídas (2016)*...

Ángeles Mora consideraba que la lírica era una forma de pensarse y de pensar en el mundo. De ahí que el componente emocional tenga un papel preponderante en el que la escritura gana al yo. Este ámbito hace que su lírica tenga su entronque con el romanticismo de Bécquer y Rosalía o el simbolismo de Juan Ramón Jiménez y Antonio Machado. Pero también con los poetas del 50 en su afán por convertir al poema en un proceso súbitamente reflexivo en torno a nuestro lugar en el mundo y el papel que jugamos como individuos, por eso ha dicho que "para mí la poesía es vida, no es que imite a la vida sino que tiene su propia vida (...) El poema «no soy yo», tampoco es la «expresión de mis sentimientos» o de mi vida interior, el poema es algo que «se hace», se produce (...) Así pues, lo que le importa a un poeta es crear *otra realidad* fuera de sí, que es la poesía". Su lírica posee un componente narrativo que genera un ámbito para la historia confidencial cargada de sensaciones y sentimientos contradictorios y en el que versolibrismo es su base rítmica o en la organización de endecasílabos y heptasílabos o de pentasílabos, heptasílabos y trisílabos. En muchos momentos su lírica avanza construyéndose a sí misma e intentado construir esa realidad de la que está entreverada y en la que, en muchos momentos, palpita un yo que no se resiste a salir sino que se hace confidencial y cercano. Podemos señalar entre sus obras: *Pensando que el camino iba derecho* (1982),

La canción del olvido (1985), *La dama errante* (1990), *La guerra de los Treinta Años* (1990), *Silencio* (1994), *Cámara subjetiva* (1996), *Canto de sirenas* (1997), *Bajo la alfombra* (2008), *Ficciones para una autobiografía* (2016)...

Para Antonio Enrique el poeta en el siglo XXI ha de ser de una mentalidad trascendida. Y trascenderse implicaba romper los límites impuestos a nuestra conciencia. La poesía es, y debe seguir siendo, un reducto contra todos los abusos de poder que contaminan, lesionan u ofenden la sensibilidad estética, individual o colectiva, pero también, trascenderse, en la certera intuición de que la realidad es aquello que no puede verse. Para ello el poeta sólo dispone de un arma, peligrosa a cualquier jerarquía: su emoción. Esta forma parte esencial del misterio de la escritura. Nos emocionamos no sabemos a ciencia cierta de qué ni porqué. Es la emoción lo que traza puentes de analogía mediante los símbolos más dispares, las metáforas más apasionantes, maneras todas de penetrar en lo invisible. Usamos las palabras de siempre, pero suscitando sensaciones tales que parecen, estas simples palabras coloquiales, creadas desde el comienzo del mundo para amoldarse a la Idea que todo poema encarna una idea que inicialmente sobreviene en forma de música y se expande, esto es, idea en el tiempo: número, inseparable de numen, nombre. Entre sus libros podemos citar: *Poema de la Alhambra* (1974). *Retablo de luna* (1980), *Los cuerpos gloriosos* (1982), *Órphica* (1984), *La Quibla* (1991). *Beth Haim* (1995), *El sol de las ánimas* (1995), *Huerta del cielo* (2000), *Viendo caer la tarde* (2006), *Cisne esdrújulo* (2013), *El amigo de la luna menguante* (2014), *La palabra muda* (2018), *Los cementerios flotantes* (2023)...

Uno de los elementos relevantes de la poética de Manuel Gahete es la construcción formal, la preeminencia de la palabra, su cuidado y esmero, a veces con un léxico de uso poco común que apunta hacia una humanidad solidaria recobrada, de un profundo discurso cívico. Un mundo interpretado a través de esta palabra bien seleccionada que se convierte así en la remoción de la realidad a otros ámbitos íntimos de reflexión, con una enorme importancia del peso de la tradición que apuesta siempre hacia el futuro, y el singular corolario de lo emotivo y emocional muy importante en su obra tanto como la búsqueda de la belleza. Pensamiento, intuición, razonamiento y emoción envueltos y sobrepasados por el aliento de la música, A esto añadía Moreno Ayora que Gahete había fraguado ya "una extensa obra poética, vitalista, apasionada, sincera, de franco humanismo y exquisito lenguaje", y como rasgos predominantes señalaba la sonoridad y "los numerosos vocablos que el poeta elige con máxima meticulosidad para buscarles una especial disposición dentro de la frase (…); el otro es la búsqueda de un lenguaje selecto", con cultismos y neologismos que amplían la recepción. Entre sus obras podemos indicar: *Nacimiento al amor* (1986), *Capítulo del fuego* (1989), *Íntimo cuerpo* (1990), *La región encendida* (2000), *Mapa físico* (2002), *El legado de arcilla* (2004), *Mitos urbanos* (2007), *El fuego en la ceniza* (2013), *Motivos personales* (2014), *La tierra prometida* (2014), *Epifanía* (2023)…

En ocasiones a Juan José Téllez lo han adscrito a la nueva sentimentalidad con matices. En su poética decía que sus versos nacieron más cerca de la música que de la palabra y, cuando se le preguntaba sobre la poesía afirmaba que esta no sirve para nada y ahí radica su bondad, pero puede servir para que los cómplices jueguen con las palabras como autores o lectores y que los versos pongan algo de música en la vida y puedas leer en lo escrito por otro lo que ni tú mismo has sabido decirte. Aunque sus libros se inspiran siempre en la realidad, bien en la ajena o la propia, esta se halla trascendida, y lo que menos importa es si se consigue ser original, pero sí vivirla de un modo interiorizado. Generalmente es una lírica sencilla, a veces prosaica, otras memorial, al hilo de la música, visual o culturalista en la que los poemas son grandes mosaicos de sensaciones interiores y exteriores. A veces la ciudad como motivo lírico, otras las experiencias múltiples que animan a su interiorización. En otras ocasiones, como en *Las causas perdidas* (2005) "construye el proceso personal y temporal que ha conducido a un progresivo desencanto y a un derrumbe de todos los mitos personales y sociales, históricos y psicológicos que conformaron un periodo histórico pero también a un territorio personal e intransferible". Entre sus obras podemos señalar, aparte de las citadas: *Historias del desarrollo* (1978), *Crónicas urbanas* (1979), *Bambú* (1985), *Daiquiri* (1986), *Las grandes superficies* (2010), *Los amores sucios* (2021)...

Luis García Montero mantuvo que la conquista del ser individual es lo más complejo que le puede suceder al ser humano y quiso construirlo en su poética, reivindicando "la intimidad como un territorio histórico" y sacando al realismo de su irrealidad, poniendo en evidencia "las contradicciones de la razón burguesa sin caer en el irracionalismo". La subjetividad había sido considerada tradicionalmente como un instrumento de la burguesía para seguir manteniendo su relevancia social, pero él se propuso, desde la normalidad de un «chico de provincias», construir la nueva sentimentalidad a finales de los ochenta insertando la subjetividad en lo colectivo, la lírica de la experiencia, superadora del realismo tradicional. Y para ello se debía acabar con la «cultura del yo contra el sistema» y rescatar el pensamiento poético de autores como Antonio Machado, Cernuda, Gil de Biedma... Hay en su poética una necesidad de soñar la realidad y vivirla en el mundo de los sueños, como algo natural y confesional: "La poesía es para mí algo parecido a esas palabras que yo me digo cuando abro la puerta y me encuentro delante de mí mismo y quiero convencerme de que debo dejarme pasar hasta el comedor, oír atentamente mis propias explicaciones, seducirme, ilusionarme". Entre sus obras más destacadas podemos citar: *Y ahora ya eres dueño del Puente de Brooklyn* (1980), *El jardín extranjero* (1983), *Diario cómplice* (1987), *Las flores del frío* (1990), *Habitaciones separadas* (1994), *Completamente viernes* (1998), *La intimidad de la serpiente* (2003), *Vista cansada* (2008), *Balada en la muerte de la poesía* (2016), *A puerta cerrada* (2017), *Un año y tres meses* (2022)...

La poesía de María Rosal ha promovido la arquitectura personal desde lo femenino deshabilitando la construcción patriarcal y la recreación de mitos. Con ello logra crear nuevas interpretaciones, fraccionando así el sistema establecido en torno a las mujeres, descodificando roles y paradigmas instaurados. Eduardo García consideraba dos miradas diferenciadas, antes de *Tregua* en el 2000, en que practicaba una poesía coloquial en una línea de confluencia con la llamada poesía de la experiencia, y después, que se produce una transformación en el que se han visto ahondamiento en las motivaciones de la creación y en las posibilidades sugestivas del idioma, que María Rosal pretende enriquecer con nuevas sugerencias. Decía que ser poeta es "para una mujer la necesidad de componer su propio yo, su propio sujeto transgrediendo ese orden social en el que no tiene cabida (...) utilizando una herramienta flexible, aunque socialmente connotada, que es el lenguaje", ya que este marca unos límites que deben romperse y marquen una visión diferenciada a la que se ha construido hasta el momento. Entre sus obras podemos citar: *Brindis (1995)*, *Abuso de confianza* (1995), *Don del unicornio* (1996), *Vuelo Rasante* (1996), *Inventario* (1997), *Vicios comunes* (1999), *Tregua* (2001), *Travelling de acompañamiento* (2002), *Otra vez Bartleby* (2003), *Últimas noticias de Louise Benton* (2007), *Espeleología humana* (2008), *Carmín rojo sangre* (2015), *Estrella de la noria* (2019)...

La poesía de Balbina Prior posee influencia de la poesía inglesa, del modernismo y de Bukowski, como decía María Ángeles Hermosilla. Una lírica heterodoxa que profundiza en la visión de los universales del ser humano, el paso del tiempo, los problemas de la sociedad actual en un mundo globalizado, la pérdida de fe, la desprotección del ser ante sus retos vitales, la enfermedad, el amor o la propia creación poética siempre con un acercamiento comprometido. A veces puede resultar irónica o sarcástica, crítica sobre todo con la visión patriarcal que se ha ofrecido de la mujer. Una voz al mismo tiempo serena, ajena a las estridencias que le permite adentrarse en una poesía reflexiva y emotiva. Con textos que armonizan la belleza y la fortaleza del verso en el empleo de la palabra precisa. Una lírica que surge de la realidad pero con la intención de ir más allá, de trascenderla a través del proceso lectoral. Algunos han querido ver dos etapas en su obra con el límite de *En los andenes*. En esta obra es consciente de que el nuevo milenio traerá proyectos de transformación social y la lucha del capitalismo por obtener una hegemonía. Eduardo A. Salas destacaba su posicionamiento ante las cuestiones individuales y colectivas pero también su decepción por el fracaso de muchas utopías. Entre sus obras destacamos: *Soldado de Rodas* (1993), *Perversidades* (1994), *Poemas en Off* (1998), *Ladrones de Miel* (2000), *En los Andenes de la Era Heisei* (2001), *Frágil Sinfonía* (2003),) *Timos de la edad desnuda* (2015)...

La poesía de Álvaro García ambiciona el espíritu de una época pero con la voz que aún no tenía y con la intención de llevar a la realidad la potencialidad de la conciencia. Un valor revolucionario de la lírica (lo apartaría de la nueva sentimentalidad) que tendría su trascendencia en cuanto a la emoción del poema como un instrumento que, al estar destinado a durar, adquiere así la formalidad de la política: "La poesía no tiene que ser reflejo de una política, sino crear una política". A través de una retórica, como dice Navarro Ramírez, con encuentros modernistas como el juego, la elipsis, la "evaporación" del yo, el fragmentarismo o la primacía de lo "ligero" sobre lo sentimental. Está en contra de la poesía hermética y a favor de la necesidad de comprensión de esta con un lenguaje que debe estar en continuo movimiento. Sobre su obra *Canción en blanco* decíamos que se fijaba en la memoria y en la reconstrucción de la ilusión de un tiempo, de lo vivido, a través de un lenguaje metafórico que busca la creación y expresividad lingüística y la creación de un mundo sentimental creíble. Algo que podríamos extenderlo a toda su obra en que las palabras luchan por mantener el sentido de las cosas. Entre sus obras podemos señalar: *La noche junto al álbum* (1989), *Intemperie* (1995), *Para lo que no existe* (1999), *Caída* (2002), *El río del agua* (2005), *Canción en blanco* (2012), *El ciclo de la evaporación* (2016), *Cuando hable el gato* (2023)...

Raquel Lanseros definía el acto como poético como un "acto de amor" pues ambos, el acto poético y el acto amoroso (siguiendo a Joseph Brdosky), "operan en la misma dirección pero en sentido contrario (...) la poesía parte de lo finito para elevarnos hasta el infinito mientras que el amor parte de lo infinito para retrotraernos a lo finito". Una lírica de sensaciones emocionales, vibraciones profundas, muy cercanas al lector, a su vida cotidiana, a sus pequeños relatos diarios con los que alcanza un valor sensitivo penetrante y la conmoción de estar inmersos en la cotidianidad, en la "momentánea eternidad". Una poesía que rememora espacios, secuencias, conmociones... pero siempre llevada de una reflexión constante sobre lo que sentimos, hacemos o somos. La poesía reconoce su juego de identidades y el recorrido sentimental simbolizado a través de actos concretos cotidianos, materiales para construir, conducida por la arquitectura de los afectos. "Crea yo siempre en la vida", dice uno de sus versos. Con frecuencia asoma un desencanto histórico, con la nostalgia del paraíso perdido y se pide a sí misma no ser presa del escepticismo, y reivindica, además, creer siempre en la vida. Su lírica penetra entonces en las cosas sencillas que conforman nuestra existencia y alcanzan un lugar emblemático. Entre sus obras podemos citar: *Leyendas del promontorio* (2005), *Diario de un destello* (2006), *Los ojos de la niebla* (2008), *Croniria* (2009), *Las pequeñas espinas son pequeñas* (2013), *Matria* (2019)...

Los rasgos esenciales de la poesía de Fernando Valverde los definía el propio escritor en el prólogo de su *Poesía (1997-2017)* (2017) que lleva por título "El lugar de la poesía", donde nos indica que la poesía establece "un vínculo entre lo real y lo extraordinario" creando un puente, "vulnerable como indestructible". Y ante esta situación el poema se convierte en el medio para acercar ambas orillas a través de la emoción. Su poética sigue una línea profundamente comprometida con el ser humano, pero también con su propia conformación como individuo, con sus sensaciones más arraigadas en las que el juego simbólico actúa como paradigma para identificarse y definir el mundo en esa especial coyuntura de relaciones. Su poética no es de ensimismamiento en el yo sino de unión del yo y el otro, con la singladura de lo elegíaco como horma que ilumina la intimidad, acaso "la épica del dolor" desde una intimidad profunda que aspira a contarnos el modo de estar y ser en nuestro mundo. Temáticas como la nostalgia del verano, la recuperación de la infancia, la muerte de la madre, la herida del mundo y el concepto de alteridad... junto a la importancia del coloquialismo, la oralidad y el cultivo de la imagen con su fortaleza metafórica son sus testimonios más precisos. Entre sus obras podemos citar: *Viento favorable* (1997-2002), *Razones para huir del frío* (2004), *Los ojos del pelícano* (2010), *La insistencia del daño* (2014), *Desgracia* (2022), *Los hombres que mataron a mi madre* (2023)...

Un buen número de poetas de diferentes épocas y evidentes diferencias que pueden ser motivo para la reflexión y el encuentro.

FRANCISCO MORALES LOMAS

POETAS SELECCIONADOS

RAFAEL BALLESTEROS
(Málaga, 1938)

Estudió Filosofía y Letras en la Universidad de Granada. Es Catedrático de Instituto. Ha publicado artículos de crítica literaria y diversos libros de poesía. Entre ellos: *Las contracifras* (1969), *Turpa* (1972), *Jacinto* (en cuatro volúmenes, 1983, 1997, 1999, 2002), *Numeraria* (1986), *Testamenta* (1992), *Los dominios de la emoción* (2003) y con edición e introducción de JJ. Lanz, *Poesía 1990-2010* (2015). Últimamente, ha publicado *Perseverancia* (2022).

En 2009 y en RDEditores, editó *La muerte tiene la cara azul*, ciclo narrativo de 5 novelas, que en 2010 recibió el Premio Andalucía de la Crítica. En 2019 le fue concedido el Premio Elio Antonio de Nebrija de las Letras Andaluzas, por ACE-Andalucía.

EN ORÁN EXISTIÓ ESE JARDÍN

Aristóteles volvió su cuerpo en el jardín
y me miró: *Busca, hijo mío, un reino*
igual a ti, porque en tu casa no cabes.
Yo era un zagal: eran mi selva de aventuras
las pilistras y helechos; la plaza y sus
vencejos, mi nación, y los zaguanes umbros,
mis salones inmensos.
        Tenía miedo, la batata
y la malta eran mi cena, temblaba cuando
la sangre, andaba arribabajo entre la gente
¿qué hora es? ¿qué hora es? Ellos biseaban,
hacían gestos, tapaban mis ojos ¡silencio!
¡calla!, oh cuando otros hablaban otra lengua
¿cómo? ¿cómo? ¿y cómo piensan? ¿también
de otra manera? y cuando ya sé, ya sé,
el hondón y la verga se acoplan gozando,
gozando fuerte, pero ¿cómo, cómo se goza fuerte?
¡Ay, zagal! ¡La sombra no tiene luz!

Sin embargo, sí. Dije: sí, maestro, sí.
Y al mundo fui: los árticos, las pampas,
los desiertos, las islas inmensas, los abrevaderos
del hambre, los humedales de la lepra.
Y puse casa y otra, otra y otra, aquí, acullá,
allí, atravesé los océanos, volaba, con la alcuza
en las manos indagando mi reino. Por último,
de Sócrates los labios en Efeso besé como
un tributo.

Y regresé a aquel jardín: Maestro,
maestro, amplié el mundo, cuántos anchos puse
en mis pies, abrí la naranja azul de par en par,
sus brumas...

Y se volvió de nuevo: *Has perdido
tu vida, tanteando, tanteando, pero sin ver. No
entendiste. Tu casa era tu corazón. Y tu reino,
las palabras.*

(De *Los dominios de la emoción*)

Todo es tan fluido que es breve y ligero,
vacuo como una sombra. Así que en lo profundo
está lo único estable, verdadero. Pero ¿quién tiene
temple o agudeza para llegar al hondo, a lo recóndito?

El hombre sólo quiere ver pasar el río, siempre
indeciso si tirarse a las aguas o contemplar.

Yo nunca dudé: ¡siempre mejor ahogarse
que mirar! ¿Es que hay otro final mejor
que ser llevado hasta tu término por el agua
que fluye? ¿Qué morir en la mar y desnudo?

Llegaros al filo de la orilla y mirad:
los ahogados están quietos al fin, algunos
saludan a la vida y a la tierra con un puño alzado,
otros, sólo se abotargan, pero ¿alguien ha visto a uno,
siquiera a uno de ellos con cara de ansia,
de angustia, de sobresalto?

Ellos vieron desde dentro el fluir
y comprendieron.
Y al hundirse, lo aprendieron todo.

(De *Nadando por el fuego*)

El zagal, repentino,
abandona sus juegos
e indaga si es el aire el que atruena y retumba.

El aire es terso y azul: no es el aire. Así que
con el pie husmea la tierra por si es abajo,
allí en lo hondo, en lo profundo, donde
el sonido trema bajo el polvo.
                  Y allí es, sí, ahí zumba, aúlla
ese ruido impío, ese mugir constante,
esa insurgencia.

Allá, tras la avenida, tras el humo
y la impaciencia de vecinos inhóspitos,
el anciano le hace gestos bravíos, abre
y cierra su boca, quiere decirle al niño
que ese zumbo que no cesa, ese fluir sin
pausa que atruena y le perturba, esa luz
que mantiénese aún en nublo: es la vida,
y lo que oye que tiembla es la sal y el
azúcar que lleva toda sangre en su albedrío,
allí donde reside la belleza indomable.

(De *Jardín de poco*)

PLATÓN DOS

En la azotea, junto al pilón
de argamasa y losetas y el picante fluido
de gallinas efesias, mira el huerto estático,
la plenitud de membrillos y quercos, la
intensidad que obtienen con el sol las
materias. Él mira absorto y concernido.
                            Allá, al fondo,
como una cortinilla de sergo y estameña,
el trasegar continuo de azadas y rastrillos,
las voces ristriantes de los esclavos númidas,
el sudor y lo nítido, el berrido y el humo.
Todo, pleno y sencillo, directo y adverbial.
Él piensa en el humano: su evanescencia ante
lo concreto.
                            Ha dejado entre sus piernas,
combeando su túnica, el libro de Parménides
sobre el ser y el no ser, las apariencias y el
conocimiento. Un tremor de sabiduría hierve
en su vientre, el roce de la nada le alardea en
su pecho y el tiempo y el espacio se abrazan
en su sangre.

Ay, realidad.   ¡Qué todo más nítido!
¡Qué humo más solemne!¡Qué sombra tan
presente!¡Qué silencio tan sólido!   ¡Qué
humana la belleza!

(De *Contemplación*, inédito)

ANTONIO HERNÁNDEZ RAMÍREZ
(Arcos, Cádiz, 1943 – Cádiz, 2024)

Poeta, novelista, ensayista, miles de artículos en prensa, conferenciante por diversos países en universidades, otras instituciones y sedes del Instituto Cervantes. Su obra está traducida a trece idiomas; objeto de cursos doctorado en varias universidades internacionales. Homenajes a su obra en universidades e instituciones. Tiene numerosos premios, destacando: Premio Nacional de la Crítica, en dos ocasiones, Premio Nacional de Poesía, Premio de las Letras Andaluzas, Premio Andalucía de novela, Centenario del Círculo Bellas Artes, Premio Nacional de las Letras Teresa de Ávila, Premio Valencia de literatura, Premios de poesía Rafael Alberti, Jorge Guillén, Miguel Hernández, Leonor de Soria, Tiflos, Despeñaperros, Gil de Biedma, Vicente Aleixandre, Ateneísta de Honor (Federación Ateneos Andalucía), Medalla de Andalucía, Socio de Honor y Patrono de Fundación Siglo Futuro e Hijo Predilecto de Arcos. Presidente de Honor de la Asociación Andaluza de Críticos y Escritores.

AFIRMACIÓN

Aljoxani lo dijo
en sus Jueces de Córdoba:
estos que aquí vivieron
—árabes con judíos
y también con cristianos—
eran sólo andaluces.
Que nadie los confunda
ni su olor a romero.
Que nadie me confunda
con mi hermano judío,
cristiano o musulmán.
Yo soy de aquel aroma
que confirmó su flor.

(De *Indumentaria*)

POESÍA SOCIAL

Sépalo bien, seboso sapo,
que si critico al gobierno
con las mismas palabras que usted,
en nada principal coincidimos,
en nada se parecen nuestras almas.
Así que no me diga que pensamos lo mismo.
La diferencia está en que yo lo hago
con dolor y usted con alegría.
Yo porque temo que se pierda
por sus errores nuestra democracia;
usted porque desea que retornen
sus viejos privilegios caducados,
el monopolio de los de su clase.
Mi corazón habla con huellas,
con las de aquellos muertos.
El suyo corroyendo, preparando
otros años triunfales.
Enrolle su serpiente, métala
donde sus intestinos, pues son ellos
el áspid retorcido que se imposta.
No quiera compararnos.
No quiera confundirme, no pretenda conmigo
que su lengua suplante a su pistola.

(De *A palo seco*)

A PALO SECO

Bebe, bebe conmigo.
Ya sé que aguantas más,
que eres invencible,
bebe hasta destrozarme,
pero quizás consiga
en este mano a mano
que aprendas de los hombres
que sin piedad creaste;
sufras por una vez,
al sabor de la pena,
lo bello y lo terrible
de tus experimentos.
Bebe y paga la cuenta.

(De *A palo seco*)

EL COMPROMISO

Cuando creí en Jesucristo
me equivoqué, mas fui humano.
Cuando me quise marxista,
me equivoqué, mas fui digno.
Cuando fui socialdemócrata
me equivoqué en mi verdad...
Todo me lo perdoné,
me lo absolvió todo el tiempo.
Menos la bellaquería
de cuando emulé a Pilatos.

(Inédito)

JUANA CASTRO
(Villanueva de Córdoba, Córdoba, 1945)

Ha publicado, en poesía *Cóncava mujer* (1978), *Del dolor y las alas* (1982), *Paranoia en otoño* (1985), *Narcisia* (1986), *Arte de cetrería* (1989), *Fisterra* (1992), *No temerás* (1994), *Del color de los ríos* (2000), *El extranjero* (2000), *Los cuerpos oscuros* (2005), *Cartas de enero* (2010), *Antes que el tiempo fuera* (2018); los cuadernos *Alta traición* (1990), *La jaula de los mil pájaros* (2004), y las antologías *Alada mía* (1996), *Memoria della luce* (1996), *Vulva dorada y lotos* (2009), *La extranjera* (2006), *Heredad seguido de Cartas de enero* (2010), *En el brocal del tiempo* (2023), *La bámbola*. Fue Premio Imagen de la Mujer en los Medios de Comunicación y Premio Carmen de Burgos por los artículos en prensa. Como ensayista publicó *María Zambrano* (edición español-inglés, 2016). Es medalla de Andalucía, Premio Nacional de la Crítica y Premio de las Letras Andaluzas Elio Antonio de Nebrija. En su pueblo natal, Villanueva de Córdoba, se creó el Premio de Poesía Juana Castro.

INANNA

Como la flor madura del magnolio era alta y feliz.
En el principio sólo Ella existía.
Húmeda y dulce, blanca,
se amaba en la sombría saliva de las algas,
en los senos vallados de las trufas,
en los pubis suaves de los mirlos.
Dormía en las avenas
sobre lechos de estambres
y sus labios de abeja entreabrían las vulvas
doradas de los lotos.
Acariciaba toda
la luz de las adelfas
y en los saurios azules se bebía la savia
gloriosa de la luna.
Se abarcaba en los muslos
fragantes de los cedros
y pulsaba sus poros con el polen
indemne de las larvas.
¡Gloria y loor a Ella,
a su útero vivo de pistilos,
a su orquídea feraz y a su cintura!
Reverbere su gozo
en uvas y en estrellas,
en palomas y espigas,
porque es hermosa y grande,
¡oh la magnolia blanca. ¡Sola!

(De *Narcisia*)

Cómo se acostumbra al halcón a saltar sobre el puño
Si desde mi fiereza he venido este día
a comer en tu mano, una sola es la gracia
que de tu gracia pido.
Que jamás, de otra flor
beban vida tus ojos, ni otra ley
más alta que mis plumas te acompañe.
Que tus brazos, doblados permanezcan
a orillas de mi boca. Y que esté mi saliva,
como miel, mansamente vistiendo
tu vivo corazón encabritado.
Mientras como y me miras
en tu mano esta noche,
porque está la sentencia
dictada ya de muerte en la mañana.
Séme fiel, te lo ruego.

(De *Arte de cetrería*)

EL POTRO BLANCO

Tiene razón ella, y el espejo
que me enseñó esta tarde
—Mírate, tú no eres un hombre.
Los hombres nunca tienen
esa fiebre en los ojos, ni los muslos
les florecen redondos, ni en los pechos
les crecen dos botones
erguidos como islas detrás de la camisa
—Mírate.
Y me miro, y me voy desnudando
de mis tristes aperos. Y entonces aparece,
sin que yo lo convoque, mi cuerpo como el lirio
de sol y la radiante manzana de la carne,
igual que en el milagro
del primer potro blanco saliendo de su madre.

(De *Del color de los ríos*)

AMOR MÍO

Antonia buena chica ingresó ya cadáver.
Carmen muy educada vaqueros blusa beis
y Raquel silenciosa es el amor.
Amor de amoratarse
amor que es amoldar y amancillar.
Amor de amenazar amor de amurallar
amor de amartillar y de amasijo.
Amor de amortajar.
Rosa Lola María Inés Luisa mi amor.
Compañero mi amigo mi enemigo.
Rafael veinte años arma blanca
su novia en una calle.
José Pablo dos hijos divorciados
y Raúl empresario gran sonrisa el amor.
Es el amor que amengua
que amuralla que amortece y amarra.
Amor de amuñecar
amor que es amputar
amor de amilanar y de ambulancia.
Amor de amordazar.
Manuel Félix Cristóbal Jaime Isidro mi amor.
Mi señora mi dueña mi rehén.
Amo mío mi amor.
El anillo no sabe no sabía.
El anillo. El cuchillo.

(Inédito, incluido en la antología *La extranjera*)

MALIKA EL ASSIMI
(Marrakech, 1946)

Escritora y poeta marroquí en lengua árabe, profesora e investigadora. Profesora universitaria en la Universidad Cadi Ayyad de Marrakech. Fue profesora en la Universidad Mohammed V y en el Instituto Universitario de Investigación Científica en Rabat. Es miembro de la Unión de Escritores de Marruecos (UEM) desde 1965 y vicepresidenta de la Casa de Poesía en Marruecos entre 1991-2021. A principios de los años setenta publicó la revista *Al-Ijtiŷâr* (*La Opción*). También colaboró con la conocida publicación *al-Taqâfa al-Magribîya* (*La Cultura Marroquí*). Ha ocupado puestos de liderazgo político, social y en derechos humanos en Marruecos desde 1958. Fue diputada parlamentaria en la Cámara de Representantes entre 1967-2011. Ha escrito *Enciclopedia de la civilización de Marrakech entre dos tiempos* (2019). Entre sus poemarios más conocidos podemos citar: *Escrituras más allá de los muros del mundo* (1988), *Voces de una garganta* (1988), *Algo que tiene nombres* (1997), *La sangre del Sol* (1997), *El libro de la tempestad* (2008), *Cosas que atormentan* (2015) *y Ser caballo* (2022).

SER CABALLO

Me pregunto:
¿Qué es de nuestra responsabilidad en el devenir de
la Nación, entre la espada del enemigo y la pared del
hermano/enemigo?
Nuestros hermanos luchan solos, haciéndose mártires.
Pasan hambre, pestes e injusticias, y son matados,
desplazados y vendidos como esclavos, mientras nosotros
dormimos tranquilos.

La noche te ensilló
y la cabalgada te sorprendió,
tronando tu tierra con relinchos de desgracia
y estruendos de lluvia negra.
Maldito sea
quien oye siempre el estrépito de los jinetes
y no se convierte en caballo
dando coces al aire
y patadas en la arcilla.
Maldito sea
quien se mantiene paciente crucificado en sus trenzas
las contadas horas de su vida;
ligeros son,
arrojándose en el ferviente acontecimiento,
nadando en las tumbas de los muertos.

Me convierto en caballo,
relincho en el desierto.

¡Oh madre!
canto mi pena,
recorro distancias,
a duras penas,
allí venzo a jinetes negros,
negándome a idolatrar
su deidad,
y me lanzo hacia el horizonte finito,
el más bello.
Surco el mar,
dejando atrás a Faraón y los suyos,
a Haman el Grande
y sus seguidores;
lavo mi ignominia,
esa gran infamia.

(De *Ser caballo*, traducción del grupo «Bayt atarŷama»,
coordinado por Souad Dahori)

ME EXPRIME LA SERPIENTE

En mis cuadernos se refugian los planetas vespertinos,
feroces
furibundos,
rehúyen de su orbe,
rompen su viejo collar de un golpe,
se revelan en su linde,
cual una potranca
irritada y colérica,
diciendo al sol: "O iluminas tú o iluminamos nosotros".

Si de sus sombras se eclipsan las cosas,
y en su baldío se hunde la llama de luces,
de sus orificios sale el cielo,
dulce
reluciente
tendiendo su capa por la noche,
ocultando encanto y seducción,
¡Qué fuerte es!
acosa indecentemente a las mujeres
con ojos fascinantes,
flechas penetrantes,
urde la instigación,
irrumpe a la virgen
en su velo,
e hila con las almeas la pasión,
con guiño incesable.

Sola,
los ojos de la noche
colmaron mi alma con sus heridas;
sola,
tal una pena en el corazón de la noche
arrastrando huesos,
tal un cadáver senil,
desgreñado,
decaído.
Si la luz descorre su capa,
la serpiente me exprime,
me atrapan las garras del lobo,
sus colmillos devoran
mi hueso;
zarpo en los lindes,
mi sombra atraviesa el espejo
y desaparece en la cuita,
mientras las mozas
se sirven el vino exquisito,
añejo;
los ojos de la noche, fijos,
cantan su esplendor
desde lo alto de la pasión
cada vez que
salen las lunas.

(De *Ser caballo*, traducción del grupo «Bayt ataryama»,
coordinado por Souad Dahori)

TAHAR BEN JELLOUN
(Fez, 1947)

Ha realizado estudios de Filosofía. Es poeta y novelista francófono. La poesía ha sido y sigue siendo su expresión predilecta. Ha publicado una veintena de novelas, como *La Noche sagrada* (Premio Goncourt, 1987). En poesía ha publicado una docena de libros, entre los que se encuentra su última entrega, *Dolor y luz del mundo* (Ediciones Gallimard, 2019). También es pintor, habiendo expuesto en el Instituto del Mundo Árabe, en París, Milán, Dubái, Marrakech, Bolonia, etc. Sus textos han sido traducidos a cuarenta y siete idiomas. Vive entre París y Tánger.

¡RESISTE!

Toda poesía es resistencia y libertad
Innegociable
Sólo el viento es capaz de empujarla hacia la orilla
En donde el hombre simplemente puede permanecer
   erguido
Robles, muchas veces centenares
Ahí donde los gorriones, llegada la tarde, agradecen
   al bosque
Y el poema se derrama en las venas de la amistad
Este es el espíritu de resistencia
Que tanto necesitamos

El tiempo, anheloso de libertad
Teje en nosotros los hilos de la dignidad
Pero así es la humanidad
Aspira a la guerra y al caos
A la desgarradura y al fuego
El campo de batalla es un salón
Con aires de victoria y de martirio
Resistir, sí, contra los territorios del odio
Contra el ruido de misiles y de los aviones que
Escupen bombas inventadas para matar ulteriormente

Les llaman submuniciones

Es difícil la tarea de resistir constantemente
De permanecer firme en sus posiciones

El espíritu de la resistencia es una conciencia inquieta
Fuerza y voluntad para afirmar lo mejor de nosotros
Es un río que nos invita a seguirlo
Hasta llegar al nacedero
Hasta llegar a la raíz de la verdad

Resistir, estar vivo en el tiempo presente
Es la única forma de permanecer en el mundo
Un ser que nunca está satisfecho
Batallando contra el moho del mundo
Luchando contra la avaricia humana
Contra la violencia dispuesta a ejercer la fuerza
Para hacer de la brutalidad su lenguaje seco

Resistir, la alegría al borde de la noche
La felicidad de los niños que gritan al salir de la escuela
El cielo límpido y las nubes indulgentes
Y el poema ilumina el camino
El aliento no faltará
Ya que el cuerpo está convocado a seguir la voluntad
    del Espíritu.

(De *Dolor y Luz del Mundo*, traducción de Sahar Ouafqa)

GAZA

En el estruendo de los cuerpos
Que caen
Los de los niños
Son los que
Menos ruido hacen.

(Inédito, traducción de Sahar Ouafqa)

HUMANISMO

Todo hombre lleva en sí una humanidad
Como un manantial de agua viva
Como una evidencia
Un árbol cuyas raíces son profundas

Él sabe que la violencia
Socava esa humanidad
Y que la brutalidad la desgarra y la anula

Ni la razón ni los valores que se alertan
Detienen este declive
Estas cenizas que no ofrecen nada
Esta arena manchada con la sangre de los inocentes

Los libros caen de los anaqueles
En bibliotecas que prenden fuego
Dispersos en confusión
En la furia de la muerte desnuda
Que cae del cielo como una lluvia amarga

Entonces los animales nos miran
Los salvajes y los amables
Con los ojos llorosos
No entendiendo en absoluto lo que hacen los hombres
Giran hacia el río y se duermen junto a él

En donde el ruido y las llamas
Los cuerpos de los niños están reducidos a cenizas

Con la velocidad de lo insondable
La llamada a la oración suena como una nota discordante
Mezclada con las sirenas del infierno
En estos tiempos en los que el hombre se ha convertido
en indigno de todo.

(De la antología *Los humanos en el centro del mundo*,
traducción de Sahar Ouafqa)

ROSA ROMOJARO
(Algeciras, Cádiz, 1948)

Catedrática de Universidad de Teoría de la Literatura y Literatura Comparada. Ha publicado los libros *Lope de Vega y el mito clásico, Funciones del mito clásico en el Siglo de Oro, Lo escrito y lo leído. Ensayos sobre literatura y crítica literaria, Bibliografía de Manuel Altolaguirre, La poesía de Manuel Altolaguirre, Teoría poética y creatividad* y, recientemente, *Lope de Vega y la teoría de las funciones del mito.* Entre sus poemarios figuran: *Secreta escala, Funambulares mar, Agua de luna, La ciudad fronteriza, Poemas sobre escribir un poema y otro poema, Zona de varada, Poemas de Teresa Hassler (Fragmentos y ceniza), Cuando los pájaros* y *Mirar el mundo.* Ha recibido los premios Manuel Alcántara, Ciudad de Salamanca, Jaén de Poesía, Antonio Machado, Andalucía de la Crítica, Premio de las Letras Andaluzas, Día de Andalucía de la Letras y la Insignia de la Ciudad de Algeciras.

INFINITIVO

Llegar allí otra vez en la memoria
de vuelta de la vida. Entrar
por la puerta entornada, rehuyendo las miradas
de la gente que aguarda la llamada del padre.
Estar allí de nuevo
en la médula exacta de los ecos y aromas,
de los pasos sabidos.
Sentir
la luz de la presencia de la madre en el ángulo.
Estar allí, tan sólo,
como en el seno cálido del futuro infinito.
Y esperar, esperar,
antes de abrir el libro por la primera página.

(De *Poemas de Teresa Hassler -Fragmentos y ceniza-*)

TAJAMAR

Desnivel como banco de arena en la marea
bajo el punzón del lápiz. Mar calco de la luna.
Vuelve a ser medianoche y pesa el mundo,
y se le sigue amando.

Es llamarada fatua la luz en el silencio
oscuro de la hora. Antes fue el día, vano,
en esta playa incierta de espaldas al sonido
del viento y de la nube.

Aquí será el desguace, la carena y la ausencia.
Otras manos, después, vendrán sobre las cosas
y abrirán su sigilo, y se oirán otros pasos
y, tal vez, otros besos.

(De *Zona de varada*)

RUEGO

Que no me falte nunca
una vereda abierta
donde llevar mis pasos.

Que no me falten piernas
ni la fuerza en los pies
para andar lo trazado.

Que no me falten ojos
para mirar la senda y sus contornos,

ni me falte la vista
para depositarla en lo infinito.

Que no me falte el niño
que ve dentro de mí,

el que en mí siente,

el que ama en mi amar

y el que olvida en mi daño.

Que no me falte.

(De *Poemas de Teresa Hassler* —*Fragmentos y ceniza* —)

EPIFANÍA

Cuando todo es perfecto
cuánto quiero seguir.
Ordeno cada una de mis cosas
que forman ya mi historia. Es sábado
y el silencio penetra en las ventanas
con un eco de vida. Es junio
y comienza a ser cálido el espacio
en el que doy mis pasos. Mediodía.
Me acaricia la luz y también la penumbra.
Me sana y me conmueve y me hace revivir.
Porque existe un pasado de oscuridad teñido
que sólo lo perfecto quizás pueda borrar:

la luz en el silencio, el eco de la calle...

Y disponer mi tiempo y mi vida en las cosas
ajenas ya de ti.

(Inédito)

MOHAMMED BENNIS
(Fez, 1948)

Escritor marroquí en lengua árabe. Sus poemarios tra-
ducidos al español son: 1999, *Vino*, Dos series de poemas,
traducidos del árabe, traducción colectiva, Royaumont,
Francia; 2006, *El Don del Vacio*, poemas, frontispicio de
Antonio Gamoneda, traducción Luis Miguel Cañada,
Ediciones del Oriente y del Mediterráneo, Madrid; 2010,
Un río entre dos funerales, traducción Luis Miguel Cañada,
ediciones Icaria, Barcelona; 2015, *Vino*, traducción del
árabe y notas de Federico Arbós, Ediciones del Orien-
te y del Mediterráneo, Madrid; 2017, *Libro del amor*,
traducción del árabe y notas de Federico Arbós, EDA
Libros, Málaga y 2024, en imprenta: *Vigilia del silen-
cio*, poemas, traducción del árabe y notas de Federico
Arbós.

SOMBRA DE LAS RUINAS

1.

¿Pusiste los pies
cerca
de las ruinas?
¿Te guiaron los ojos
mientras penetraban
de un escombro tras otro?
¿Oíste lo que anunciaba
tu lengua muda
noche tras otra?

2.

Una tierra
Cuyas costas trenzan mitos
cananeos.
    Aquí, perfumaban
    sus cabellos, bailaban descalzos,
    adoraban al sol y a la lluvia.
    Ofrendaban
    a los dioses.
    Con sus barcos,
    ofertaban aceite, naranjas y vasijas de barro
    a los mediterráneos,
    con plegarias se contentaban
Una tierra que ama las aves de toda la Tierra

3.
Una tierra con cánticos
nunca sucumbe,
cuatro vientos
le llegan cargados
con lema de sangre y muerte

Detrás del ojo, los escombros gritan
sostienen las raíces de la tierra,
como si sostuviesen el cielo con sus estrellas

4.
La sombra de las ruinas,
sin fronteras, en la sangre de los asesinados,
Mientras veo lo que se repite,
se amontonan escombros

Pero, ¿qué significa ver?

En el rincón oculto, gemidos
o llantos
no perece, un rastro en los restos

5.
Tu sombra, oh ruinas
un nombre
está aquí
          para quedarse:
PALESTINA

para los que vendrán, restos

6.
De polvo y piedras, este cuerpo terrestre,
lleva una señal
que no se borra:
LIBERTAD
Desafía al tiempo,
renace cada día

Lo que no vemos
escribe la tragedia en
hileras de mortajas
Blancas a veces, otras azules

7.
El silencio aquí,
Ciudades enteras,
cubiertas de blancura,
pensando en niños asesinados,
en mujeres
Aquí
el luto se prolonga

La sangre
con pasos apresurados
hacia la muerte
votos huyen de voces

8.
Espectros bajo el cielo
No abandonan
la noche que renace
en el abismo de las tinieblas

Espectros errantes
sin rostros visibles
Presente y pasado juntos
devoran nuestros sueños, temor
pavor

Nuestros cráneos rotos en los escombros,
        Sangre
                Gritos

(Inédito, traducción de Fatima Lahssini)

FANNY RUBIO
(Linares, Jaén, 1949)

Es catedrática emérita de Literatura en la Universidad Complutense de Madrid, habiendo sido profesora en la Universidad de Fez (Marruecos), en la UNED y conferenciante en numerosas universidades, como la UIM, Salamanca, Sevilla, Lisboa, Nápoles, Clermont Ferrand, La Paz, Santiago de Chile, Montevideo, Berlín, Rabat, Nueva York o Kansas, entre otras. Dirigió el Instituto Cervantes en Roma. Entre sus novelas, *La sal del chocolate*, *La casa del halcón* o *El dios dormido*; entre sus libros de poesía, *Retracciones*, *Reverso, Dresde* o *25 poemas*; entre sus ensayos, *Baeza de Machado*; entre sus libros de crítica, *Las revistas poéticas españolas* o *La taranta minera;* entre sus ediciones de libros, *Hijos de la ira de Dámaso Alonso*. Ha sido traducida al italiano, inglés, alemán, árabe o serbio. Cuenta con numerosos premios como Ciudad de Jaén, Fitur, Natural de Jaén, Poesía Universidad Complutense o Memoria y dignidad. En 2009 recibió la Encomienda de Isabel la Católica.

LA CABEZA QUE MIRA EN EL ANDÉN

Esta cabeza viene rodando sobre las piedras de los ríos
JOSÉ HIERRO

El rostro que inmortaliza el viento
en este mismo andén
aguarda en la estación de la memoria
el imprevisto abrazo
de aquella claridad que persiguiera
en el trayecto de la vida.

Esa cabeza soñó en su juventud con verdes valles
aprendió a medir en la distancia
las cadenas montañosas que rodeaban el cielo
al ritmo de clamores que barrían de punzantes guijarros
la corriente de extenuados anfibios
pero incluso rodó sin inmutarse monte abajo
en diluvios de lava hasta salvar el discurrir del río
por entre impenetrables cortezas de la tierra
y sorteó las hogueras del bosque intransitable,
inmutable como un ciprés.

La cabeza anduvo aquellos días
interrogando a la centella aparecida, por sorpresa, en lo alto
pero también ausente en horas bajas
entre pliegues del mundo insoportable
que entre nosotros cada cierto tiempo
todavía reverbera.

Mas, de pronto, la cabeza regresa.
Presintiendo no se sabe qué luz
esta cabeza espera en el andén
fuera del tiempo, como alondra
que da los buenos días con pudoroso canto
a la paciente cita de la amapola en los trigales.

Susurra entre la niebla que envuelve a los viajeros
con aliento de vocal expansiva,
con silbido apenas perceptible en medio del tropel
que levanta, sin embargo, a los mirlos
adormecidos por el frío, reclamando la luz
desde el anochecer en las antenas.

Así, con disimulo, la cabeza
deja caer con suavidad
por entre las cenizas del suelo amenazado,
dos gotas de rocío, dos diamantes, dos fuegos,
dos ojos protectores,
liberando de pesadillas nuestras frentes
desvividas entre el tejer y el destejer.

(Inédito)

LA RAMA DEL OLIVO

Eclipse de la fraternidad
ANTONI DOMÈNECH

Ramo de oliva, vamos
A verdear el aire,
Que todo sea ramos
De olivos en el aire
BLAS DE OTERO

En la frescura de la tierra
se alzan los frutos y cornisas
los escenarios y los troncos
con orificios habitables,
por los enebros protectores
las teclas y los comederos
Las escaleras las gargantas
la senectud de las gaviotas
que alumbran aves en el hielo
entre rosales y riachuelos
que anuncian significativos
desbordamientos delegados
viscosos cauces que trasladan
entre claveles y ballenas
manos y piernas a un trigal
aterradas itinerantes
agitados los pasajeros
en angustiosas travesías
de las que ya no emerge Venus

sino la gran airada lengua
entre portales ateridos
en la garganta de los vientos.

Desde la esponja de la hondura
succionados por huracanes
arrebatados del lugar
qué forman parte sin preverlo
de caravanas de pavor
flotan en todas direcciones
hacia balcones desgajados
bajo tormentas despiadadas
que talan pinos de carmín
con su corola de moluscos
y embisten muros que se abren
de fragua en fragua en los ardores
junto a los hombros extenuados
bajo un claror que centellea
sobre la espina de un erizo
palpitando con aleteo
hasta perderse entre la noche.

Solo el olivo los contempla
con su raíz amurallada
administrando la semilla
que le concede el universo
sobreviviente a dentelladas
junto a sus ramas maternales
aguarda al fin el soplo amable
con que arroparlos en la hierba.

Los permanentes brotes verdes
contienen la respiración
hasta alumbrar en un instante
en que una boca se aproxima
por entre rayos y oleajes
a su corteza salvadora
el renacer de un nuevo ciclo
en que retornen a la vida.

(Inédito)

MOHAMMED BENTALHA
(Fez, 1950)

Escritor marroquí en lengua árabe. Profesor de Enseñanza Superior. Secretario general en la Oficina Central de la Unión de Escritores de Marruecos. Fundador y miembro de la asamblea administrativa de la Red Universitaria euromediterránea para la Poesía (Estrasburgo). Cofundador de la Casa de la Poesía en Marruecos. Cofundador de la Liga de Escritores de Marruecos. Primer premio de poesía por la UNEM (Unión Nacional de Estudiantes de Marruecos, 1971), Premio Internacional Fez del Libro, por la Fundación Club de Lectura en Marruecos (FCIM, 2015), Premio Internacional de la Poesía Argana, por la Casa de la Poesía (Marruecos, 2016) y Premio Internacional de Poesía Mihai Eminescu (Rumanía, 2022).

CÉSPED PARA OLVIDAR

Trenes
Para militares
Penetran en el poema

No hay en la puerta de la estación quien llene el vacío
como muestra de bienvenida o anule festejos inadecuados
a la escena entretejida. Leeremos los últimos poemas bajo
las ventanas del templo.
Empezamos el nuevo viaje del verano. Que sea así.
¡Granada, inicia el himno con un trozo de la Nawba Al-
'Ushshaq! Nos encontramos al advenir las carcajadas de
las caravanas de los mercaderes; no hipotecaremos sino
nuestras penas. Y si tardamos en llegar a la velada,
cogeremos trenes para militares:
entre nosotros quienes habrán visto algo,
y quienes habrán visto a otro.

(De *Nube o piedra*, traducción de Kamal Ennaji)

OFELIA

Desde que el viento se ha convertido en peine, y desde la caída de los atardeceres, como cabelleras, sobre las iglesias, los corsos no alzaron sino la empuñadura del candelabro. La diosa del agua tampoco reveló el secreto al obispo. Estaba sumergida en él. En el corredor vecino apareció un icono hecho de almejas. ¿Es una mujer o Venecia? Tengo la pretensión de que las mariposas leen en las gotas de agua la queja de las almejas; pretendo también que las nietas de las Camenas se han levantado para acompañar a Elsa Morante a la costa. Ya es hora de la merienda. En las manos lleva una galerada que trata el fenómeno de la heroína ilícitamente traficada:

¿Qué es el mar Egeo?,
Un coco.
¿Y los Dardanelos?
Una ceniza sobre la herida.

Creo, entonces, que la caballeriza de los pastores está cerca y que sus caravanas aparecerán igual que copos de nieve en los huertos de los Nazaríes perplejos y la fuente del Albaycin. Pero el desatino de la tortuga es de cerámica y el horizonte es de pezuñas enardecidas. ¿Qué arbolitos alzarán la voz cantando la poesía de al-Tutili? ¿Qué mariposas llevarán el cadáver de Elsa y soplarán en él? Nilofar soplará en las aguas. Las estatuas se sentirán heridas en las rodillas, y saltarán en el sueño del monumental armonio los delfines. Poco a poco crece la resonancia, y con ella el himno de la alegría.

(De *Nube o piedra*, traducción de Kamal Ennaji)

YA LLEGAMOS AL ÍNDICE

País de maravillas, nuestro terrible silencio.
Detrás de nosotros
La noche es un armonio.
El insomnio, dolor de los filósofos,
Un candelabro.
Y las chimeneas, nuestros años pasados.
Cada chimenea con una letra
¡Ojalá las mujeres de Shanghái,
El faro de Alejandría,
La llave de Atenas
Y, si es posible, un chocolate caliente
Estuvieran sobre una silla fabricada
En Toledo!

(De *Un poco más*, traducción de Kamal Ennaji)

ANA ROSSETTI
(San Fernando, Cádiz, 1950)

Ha desarrollado su actividad en el teatro, la poesía y la narrativa. En 1993, estrenó *El secreto enamorado*, ópera en un acto con música de Manuel Balboa. Ha versionado a los clásicos españoles para el Centro Andaluz de Teatro y la Compañía Nacional de Teatro Clásico. Ha publicado varias novelas y colecciones de cuentos y en 1991 obtuvo el premio *La Sonrisa Vertical* de literatura erótica. Su obra poética ha sido reconocida con el premio Gules (1980), el premio Internacional Rey Juan Carlos I (1985) y el del Público (2017). En 2003 forma el grupo Transtextuales, realizando la serie de performances, *Los Miércoles de Crimen*, para el Centro de Arte Moderno. Desde 1996 se dedica también a la literatura infantil. Tiene la Medalla de Plata de Andalucía al conjunto de su obra y el Premio Meridiana que otorga el Instituto Andaluz de la Mujer en la categoría de Literatura.

LENGUA MATERNA

Recuérdame que aquello era poesía: el vaivén de la cuna y mi madre arrullando. Los romances que entonaban mis abuelas con sus voces monótonas. Las retahílas para jugar al corro o saltar a la comba que nos acompasaba movimientos y sílabas. Lo que al hacer sus faenas cantaban en mi casa las mujeres con toda esa poesía que cabía en un verso de copla.

Recuérdame que siempre entre nosotras estuvo la poesía como una firme red que nos unía y guardaba.
Recuérdame a las mujeres de mi vida, a las de antes de mi vida; a todas las que tejieron la lengua de mi madre desde el amoroso lamento de las jarchas.

De boca en boca han ido saltando las palabras, destellando, desovillándose, enredándose, vibrando en dichos y cantares. Como cincel o baile o cuerpo o brisa; poesía como música.

Poesía para jugar y para trabajar. Poesía para las penas y para la celebración. Poesía para soñar y para resistir. Poesía para la vida y sus pormenores.

Aunque aprenda otras lenguas y viva en paisajes diferentes; aunque cambie mi historia, recuérdame esta herencia inapreciable. Recuérdamelo para que no se extinga el raudal luminoso que me entregó mi madre y la madre de mi madre y la madre de la madre de mi madre.

Recuérdamelo, para que nunca olvide el poema materno del idioma.
Para que nunca me olvide de mi vida.

Para que nunca, nunca, me olvide de mí.

(De *Yesterday*)

ACLARACIÓN

La poesía dice: tú o yo. Pero no habla de ti o de mí.
Dice tú o yo, pero es tú y yo y él y ella y todos y cada uno
de nosotros, pues en cada pronombre hay una suma.
Multitud de identidades se comprenden en la aparente y
apaciguadora singularidad.
La poesía dice yo, tú, él, ella...
y a todos y a cada uno de nosotros nos designa borrando
los contornos de las almas.
Todos y cada uno somos incluidos y explicados.
Todos somos a la vez ella, él, tú y yo.

(De *Llenar tu nombre*)

POESÍA

Tú no pones distancias.

Tú no estás por encima de las cosas.

Tú, lejos de elevarte sobre ellas, las sumerges en ti o quizá te inmersionas, no lo sé.

Lo cierto es que tú estás en las cosas, fluyes, irradias, emanas y a la par te disuelves: no sigues un sendero paralelo a las cosas.

Incesante corriente, pasión sin recinto establecido, nota que prolonga en el valle sus círculos de vibración y calma, así transverbera tu energía la sustancia de todos los secretos.

(De *Llenar tu nombre*)

MOHAMMED ACHAARI
(Zerhoun, 1951)

Poeta, novelista y periodista marroquí en lengua ára-
be. Presidente de la Unión de Escritores de Marruecos,
miembro del secretariado general de la Unión de Escri-
tores Árabes y del secretariado general de la Unión de
Escritores de África y Asia. Miembro del Bureau Político
del Partido Socialista de Marruecos (USFP). Ministro de
Cultura (1998-2000) y de Cultura y Comunicación (2000-
2007). Ha publicado diez libros de poesía: *El relincho de
los caballos heridos* (1978), *Ojos con la inmensidad del sueño*
(1981), *Diario del fuego y del viaje* (1983), *Biografía de la llu-
via* (1988), *Acuarelas* (1994), *Poemas rocosos seguido de: Lecho
para la soledad de la espiga* (2000), *Poemas remotos* (2006),
Alas blancas en sus pies (2008), *Baldío que no mata a nadie*
(2011), *El libro de los fragmentos* (2012) y *Ascua cerca del nido
de las palabras* (2017). Premio Booker de la Novela Árabe
y Premio Internacional Argana de Poesía.

MATRIOCHKA

La noche es un largo abrigo
como el de los soldados,
en el que se ocultan los árboles,
los sembrados, los mares,
las mentiras
y las canciones.
Abriga a un cuerpo pesado
en el que se ocultan los sueños,
el miedo,
el deseo,
y las elegías.
Dentro lleva un alma exhausta
en la que se ocultan los rayos,
los astros apagados,
las estrellas fugaces
y una noche pesada
como el abrigo de un soldado.

(De *Poemas rocosos* seguido de: *Lecho para la soledad de la espiga* traducción de Khalid Raissouni)

Recupero del mar
una pieza que se cayó de mi equipaje.
cuando las olas me escupieron
de un barco que el viento rompió.
Asombrado contemplo la pieza.
Parece una jarra quebrada
una piedra tallada
o una botella cubierta de algas
¿Cómo supe que era mía?
¿Por qué no sería de eras antiguas?
Algo que los veraniegos despreciaron
o una mujer transeúnte abandonó
antes de que yo me despertara.

En todo lo que saqué de lo que queda de la marea
hay algo que se parece a mí.
En toda esta fragmentación hay algo que fue mío
o yo era de él.
Hay una persona
que excava en los restos
y anda distraído
como si una mujer lo hubiera olvidado allí.

&

Lejos
me llevarán los nombres y las escenas.
Percibo aspectos débiles
de una conversación interrumpida

y descendiendo va dirigiéndose hacia un lago
que aparece y desaparece.
Yo no recuerdo
sino camino
en este barro donde los pasos vacilan.
Camino para llenarme
con la pérdida de lo que se separa de mí.
Escucho frases precipitadas que se alejan
y no porque las olvidé
sino porque son mías
para siempre.

Pongo rostros en palabras
y nombres en rostros.
Llevo en mi silencio
una montaña sin nombre y sin palabras.
Camino sobre este barro blando
y trato de encontrar algún pasillo
que ya no es evidente
después de ser tragado por las malas hierbas.
Lejos me llevará algunos momentos
recogerán mis pasos
de árboles que transitan por mis sueños
como estrellas fugaces temerosos.

¡Qué extraño este halcón!
Se pone sobre un árbol muerto
y contempla la tierra roja
extendiéndose desde los valles

hasta las tímidas laderas
serenas
satisfechas de su parte del horizonte.
¿Qué trata de cazar en este silencio?
¿Qué le está cruzando por la mente
cuando ve a un camión
y nosotros balanceándonos sobre su parte trasera
como marineros cansados?
¿Qué es lo que le tienta a quedarse solo
en una llanura desolada?
Él que puede imponerse en una cima
donde nadie lo apretuja.
En su postura alzada hay algo
que dice que está aquí por nosotros.

Él nos da otra forma de la cima
y nosotros siempre bajamos.

(De *El libro de los fragmentos*,
traducción de Khalid Raissouni)

ÁNGELES MORA
(Rute, Córdoba, 1952)

Licenciada en Filología Hispánica por la Universidad de Granada (1986); miembro de la Academia Granadina de Buenas Letras. Ha recibido diversas distinciones públicas, entre ellas: Bandera de Andalucía (2017), Premio Mariana Pineda a la Igualdad (2017), Hija Predilecta de Rute (2017), Premio García Caparrós (2017) o Premio Granada Coronada, a su Trayectoria Profesional (2021). Publicaciones más destacadas: *Ficciones para una autobiografía* (2015), Premio Nacional de la Crítica (2015) y Premio Nacional de Poesía (2016). Tiene traducción italiana: *Finzioni per un'autobiografia* (2022); *Soñar con bicicletas* (2022) recibió el Premio de la Crítica Andaluza (2023). Última publicación: *Quién anda aquí. Poesía reunida 1982-2024* (2024). Su obra ha sido traducida al italiano, gallego, catalán, chino, inglés, portugués, árabe, alemán o francés. En 1982 inició su recorrido, con títulos como: *La canción del olvido*, *La Guerra de los treinta años*, *La dama errante*, *Caligrafía de ayer*, *Contradicciones, pájaros* o *Bajo la alfombra*.

ELEGÍA Y POSTAL

No es fácil cambiar de casa,
de costumbres, de amigos,
de lunes, de balcón.
Pequeños ritos que nos fueron
haciendo como somos, nuestra vieja
taberna, cerveza
para dos.
Hay cosas que no arrastra el equipaje:
el cielo que levanta una persiana,
el olor a tabaco de un deseo,
los caminos trillados de nuestro corazón.
No es fácil deshacer las maletas un día
en otra lluvia,
cambiar sin más de luna,
de niebla, de periódico, de voces,
de ascensor.
Y salir a una calle que nunca has presentido,
con otros gorriones que ya
no te preguntan, otros gatos
que no saben tu nombre, otros besos
que no te ven venir.
No, no es fácil cambiar ahora de llaves.

Y mucho menos fácil,
ya sabes,
cambiar de amor.

(De *La dama errante*)

POCA COSA

Sentada en la terraza veo el mar,
oigo el mar que parece acercarse,
bravío, con el viento,
llamado por la sombra de las rocas.
Rompe en ellas su ilustre cabeza
mientras la tarde cae boca abajo
y la noche no llega.
En este momento el mar guarda
más luz que el cielo.
Detengo mi mirada en una casa
triste y blanca
alzada sobre el precipicio.
Ya tiene dos farolas encendidas
queriendo iluminarla.

Pero ella brilla sola todavía
asomada al azul,
perdida como un barco
en el acantilado.
Tan poca cosa como yo,
asomándome
                al frío.

(De *Bajo la alfombra*)

¿QUIÉN ANDA AQUÍ?

¿Quién anda aquí?
¿Quién va y viene sin ruido entre mis cosas,
penetra con sigilo
de noche en mis papeles
usurpando sus notas?
¿Quién vierte la tinta
que me roba el sueño?

A veces una ráfaga suya pasa
como un fulgor felino,
una estrella fugaz
perdiéndose en lo negro...
Pero sé que se mueve suave,
que se lleva lo mismo que me deja
y con la luz del sol
desaparece.

¿Quién vive aquí conmigo,
pero sin mí,
igual que si una sombra me habitara,
de mujer a mujer
sin que pueda tocarla,
llenando de preguntas
mis largas noches sin respuesta?

(De *Ficciones para una autobiografía*)

PLANCHANDO LAS CAMISAS DEL INVIERNO

A Concha García

Cuando la primavera dio su tercer aviso,
ya en junio.
Cuando los días se volvieron
definitivamente azules
y la luz dulce se expandió
interminable
como las margaritas del jardín,
salpicando en el césped las manchas
amarillas y blancas de su vestido limpio.

Cuando la primavera vino para quedarse
y la sierra se desnudó a lo lejos,
                                ella
estaba en el salón, abierta la ventana,
respirando cierta tristeza,
como quien gana y pierde al mismo tiempo,
viendo brillar la tarde, al paso de los años,
antes de que el verano nos aplaste,
suavemente estirando las arrugas
del corazón,
planchando las camisas del invierno.

(De *Ficciones para una autobiografía*)

ANTONIO ENRIQUE
(Granada, 1953)

Es autor de 24 libros de poesía, primero de los cuales fue *Poema de la Alhambra* (1974) y último de los cuales *Los cementerios flotantes* (2022). Su voz ha sido unánimemente considerada como visionaria y representativa de lo mágico. Fue decisivo impulsor de la Diferencia. Es autor de *70 menos uno: antología emocional de poetas andaluces* (2016) y en 2018 apareció la suya propia *El siglo transparente*. Novelista y ensayista, ha cultivado asiduamente la crítica literaria, con unos quinientos comentarios. Autor de una historia de la literatura española, *Canon Heterodoxo* (2003 y 2012). Antes lo había sido del *Tratado de la Alhambra hermética*. Vive en Guadix, donde está al cuidado del Aula de poesía y pensamiento Abentofail.

ENAMÓRATE
de lo que no tiene forma.
Mira a tu alrededor:
el palmeral de las columnas.
En algún lugar del bosque de tu vida
estás perdido.
Sólo te tienes a ti
y a tu corazón palpitando.
Te detienes, estás quieto.
Sólo cuando el cuerpo
permanece en pie
es noble vito desde arriba.
Estás quieto y todo en torno
a ti gira.
Dios es este bosque de columnas
que no cesa.
Que hace rumor de su propio extravío.
Dios, como tú, está quieto.
Tan quieto que, mirado, causa vértigo.
Igual que estas columnas y estas arcadas,
que no tienen principio ni fin.
Estás perdido, pero navegas
por el sensorio de Dios.
Pisando la quibla
a un lado y otro tuyo
se abre a marea celeste.
Empiezas a estar en el centro
cuando la ebriedad de lo infinito
despierta en ti y suavemente te acomete.

Enamórate de lo que no tiene forma.
Perdiéndote en la geometría de Dios
encuentras que toda recta
confluye en un punto
que se curva y que vuelve.
Dios se siente en el mihrab.
Es un rumor bajo la cúpula.
Es un espejo de mármol
que te mira y está vivo.
Te enamorarás
de lo que no tiene forma.

(De *La quibla*)

LA ETERNA MAREA

Miras el libro abierto de las estrellas
en el cielo nocturno.
Nada ocurre ahí, y todo
está sucediendo.
Dios mismo está ahí, y tú.
En medio del relámpago de los quásares
en la electricidad del mar infinito
sucede la gran catástrofe de la armonía
y el sufrimiento, la eterna marea.
Pregúntate: si todo ahí existe,
¿por qué tú sobras? ¿Por qué si todo
sucede y nada termina
tú has de acabar en la Nada?
Todo existe, especialmente lo invisible.
Tu alma, por ejemplo. Tu alma, que es
más fuerte que el óxido.
Párate y escucha: las galaxias al girar
emiten un chirrido metálico.
Como un tren desbocado las constelaciones
cuando se entrecruzan. E impactan.
De ese golpe de timbal, de esa música
es tu corazón. Y de su luz,
tu mente. Y de los arenales
de lavas perpetuas, tus huesos.
Mira el libro abierto de las estrellas.
Nadie las ve, tú solo las estás mirando
en el universo ahora. Tú estás en sus renglones.

(De *Los cementerios flotantes*)

ORO CASI BRONCE

Cómo me gusta el verde
cuando se junta con el azul.
Las ramas de un árbol
contra el cielo intenso y hondo,
azul vibrante, azul evanescente.
Ahora me acuerdo, no sé por qué.
Era una tarde con ella, pero Ella no está.
Atardecía en los bosques de la Alhambra,
y estaba el sol poniente, y estaba ella.
El sol poniente teñía el horizonte
de oro redondo, y en aquel oro
casi bronce, las vetas de las ramas.
Qué calor aquel día.
Entonces la muchacha del calzado
se despojó y entró en el agua de la acequia.
También yo, detrás. Y reíamos,
chapoteábamos sin fin.
Esto es la felicidad: el sol,
el calor, los cuerpos.
El presente exacto.
Aquellas sus piernas elásticas y divinas.
Estar juntos y no sentirlo
de tanta intensidad.
Ella no es ella ni yo soy yo.
Ella ya no está.

(De *Los cementerios flotantes*)

MANUEL GAHETE
(Fuente Obejuna, Córdoba, 1957)

Catedrático de Lengua y Literatura. Doctor en Filosofía y Letras (UCO) y en Ciencias de la Educación (UGR). Presidente de la Asociación Colegial de Escritores de España, sección autónoma de Andalucía. Vicepresidente de la Real Academia de Córdoba, de la Asociación Andaluza de Escritores y Críticos y del Ateneo de Córdoba. Medalla de Oro del Ateneo. Cronista oficial de Fuente Obejuna. Premio Nacional de Teatro Barahona de Soto y Nacional de Ensayo Leonor de Guzmán (UCO). Premio Ciudad de Cabra a la trayectoria literaria. Antologías poéticas: *El cristal en la llama, Carne e cenere, El tiempo y la palabra, Sendero de Volúbilis.* Premios de poesía Ricardo Molina, Miguel Hernández, Villa de Martorell, San Juan de la Cruz, Ángaro, Mariano Roldán, Ateneo de Sevilla, Fernando de Herrera, Aljabibe, Salvador Rueda... Algunos de sus textos, de hondo carácter humanista, han sido traducidos al árabe, italiano, francés, inglés, alemán, sefardí, portugués, rumano y chino.

ELLA

No profanéis su voz, tan nueva y fresca,
tan fuente de mi voz, tan tierra mía.
Tronzad la grama o yerba que ha tocado
el tallo de su pie y oiréis a oraje.
Porque ella es aire y agua en que respira
la densidad y el culmen de mi fuerza.
Ella es madera y flor, es toda sueño
y toda leche y mar. Su ser es vida.
Y es ala. Y es clamor. Sin ella nada
tiene sentido ya. Basta su vientre.

Vedla dormida aquí. Traed la llama
y acercad a sus labios vuestra pena.
Ella es la luz y el alba palidece
en tándem con el sol cuando me mira.
Es nardo y azafrán, caña y canela,
áloe e incienso es. Hermana y novia.
Y es tan niña en edad que hasta los pájaros
beben la plenitud del tiempo en ella.
No la dejéis llorar. Sabed que sangra
el corazón del mundo cuando llora.

(De *Íntimo cuerpo sin luz*)

AMOR MÁS PODEROSO QUE LA VIDA

Ella camina en sombras, ciega a la luz, y ríe.
Su corazón entonces es una oscura piedra
que un racimo de lluvias bruñe bajo su carne.
Ella conoce el mar y la palabra
aunque jamás pronuncia su humedad y su ruido.
Cuando los ríos crecen y la angustia proclama
su condición de géiser,
me ilumina,
me avisa del guijarro que se cierne en mis ojos,
me alerta de los surcos donde el miedo nos hiere.

Un hombre está mirando,
abierto en el dolor pequeño
y hondo
de vivir, a quien llega,
con sus ansias azules, a vendimiarle el alma.

Un hombre está mirando a una mujer que toca
con sus manos la lumbre.
Ella ríe y no cesa de beber en la sal que deja el beso
con un río de plata por la sangre.
Y me mira y percibe la oscuridad que arrastro desde antiguo
con el vacío de Dios en la mirada.
Hemos reconocido en este eterno celo de mirar y mirarnos
que ni la vida puede abatir con sus garfios amor tan poderoso.

(De *La región encendida*)

RULETA

He salido a la calle
tendiendo una sonrisa
con un río de savia brotándome en los labios,
y ha rodado su chispa de cristal
y su agua
borbollando en el seco ejido de la acera.

He salido a la calle
y mis manos ardientes
han prendido su lumbre sobre unos ojos claros,
brasa viva en el hambre
del hombre que me niega
un brasero o un labio donde encender el fuego.

He salido a la calle con el viento solano
como un álamo libre acreciendo en el aire:
mástil,
el pensamiento
donde el cuerpo se arriesga
y contra todo orden sueña su mundo aparte.

He salido a la calle.
En la piel aún se agita
¡pobre niño indefenso!
el severo coraje de beberme la vida.
Si hurga Dios todavía en la orilla del pecho
aquella flor marchita grana como un tesoro.

He salido a la calle,
una tarde cualquiera,
vestido de payaso, bufón, juglar, idiota,
a ver si encuentro a alguien que, por besos o risas,
sin que le cueste mucho,
quiera prestarme el alma.

(De *Elegía plural*)

APRENDIZ DE SABIDURÍA

Sabes que el nacimiento duele más que la muerte.
Que nos consume el légamo de las necesidades.
Que el amor es un orden para dioses con suerte.

Sabes que desfallece en la distancia
la amistad si el amigo
deja tu corazón sobre las brasas.

Sabes que las palabras son flores en el viento:
si nadie las pronuncia, se marchitan.

Sabes que nuestras vidas son luces de un momento,
hojas en un paisaje.
Que nadie vive ajeno al día del fracaso
ni una noche de gloria es más digno equipaje.

Sabes que ser valiente te vacía
del amor y el dolor, de cuanto quieres
y cada sorbo amargo de la vida.

Todo llega hasta ti. Todo se evade.
Mas queda una verdad: cuanto más vivas
más cerca te sabrás del ignorante.

(De *Mapa físico*)

LUIS GARCÍA MONTERO
(Granada, 1958)

Es catedrático de Literatura de la Universidad de Granada y, en la actualidad, director del Instituto Cervantes. Como poeta, ha publicado, entre otros libros, *El jardín extranjero* (1983), *Habitaciones separadas* (1994), *Completamente viernes* (1998), *Vista cansada* (2008), *Un invierno propio* (2011), *A puerta cerrada* (2017) y *Almudena* (2024). Como novelista, ha publicado *Mañana no será lo que Dios quiera* (2009), *No me cuentes tu vida* (2012) y *Alguien dice tu nombre* (2014). Es también autor de numerosos ensayos sobre poesía contemporánea. Ha recibido a lo largo de su trabajo el Premio Nacional de Literatura, el Premio Nacional de la Crítica, el Premio de la Crítica de Andalucía, el Premio Poetas del Mundo Latino y el Premio Ramón López Velarde. Es Hijo Predilecto de Andalucía.

PRIMER DÍA DE VACACIONES

Nadaba yo en el mar y era muy tarde,
justo en ese momento
en que las luces flotan como brasas
de una hoguera rendida
y en el agua se queman las preguntas,
los silencios extraños.

Había decidido nadar hasta la boya
roja, la que se esconde como el sol
al otro lado de las barcas.

Muy lejos de la orilla,
solitario y perdido en el crepúsculo,
me adentraba en el mar
sintiendo la inquietud que me conmueve
al adentrarme en un poema
o en una noche larga de amor desconocido.

Y de pronto la vi sobre las aguas.
Una mujer mayor,
de cansada belleza
y el pelo blanco recogido,
se me acercó nadando
con brazadas serenas.
Parecía venir del horizonte.

Al cruzarse conmigo,
se detuvo un momento y me miró a los ojos:

no he venido a buscarte,
no eres tú todavía.

Me despertó el tumulto del mercado
y el ruido de una moto
que cruzaba la calle con desesperación.
Era media mañana,
el cielo estaba limpio y parecía
una bandera viva
en el mástil de agosto.
Bajé a desayunar a la terraza
del paseo marítimo
y contemplé el bullicio de la gente,
el mar como una balsa,
los cuerpos bajo el sol.
                    En el periódico
el nombre del ahogado no era el mío.

(De *Habitaciones separadas*)

FIGURA SIN PAISAJE

He vendido mi alma dos veces al diablo,
por monedas de niebla y curso clandestino
en países que nadie se ha atrevido a fundar.

Un realista que vive el mundo de los sueños,
un soñador que quiere vivir la realidad.

Mal destino es el tuyo.
Así te va.

(De *Habitaciones separadas*)

LA INMORTALIDAD

Nunca he tenido dioses
y tampoco sentí la despiadada
voluntad de los héroes.
Durante mucho tiempo estuvo libre
la silla de mi juez
y no esperé juicio
en el que rendir cuentas de mis días.

Decidido a vivir, busqué la sombra
capaz de recogerme en los veranos
y la hoguera dispuesta
a llevarse el invierno por delante.
Pasé noches de guardia y de silencio,
no tuve prisa,
dejé cruzar la rueda de los años.
Estaba convencido
de que existir no tiene trascendencia,
porque la luz es siempre fugitiva
sobre la oscuridad,
un resplandor en medio del vacío.

Y de pronto en el bosque se encendieron los árboles
de las miradas insistentes,
el mar tuvo labios de arena
igual que las palabras dichas en un rincón,
el viento abrió sus manos
y los hoteles sus habitaciones.
Parecía la tierra más desnuda,

porque la noche fue,
como el vacío,
un resplandor oscuro en medio de la luz.

Entonces comprendí que la inmortalidad
puede cobrarse por adelantado.
Una inmortalidad que no reside
en plazas con estatua,
en nubes religiosas
o en la plastificada vanidad literaria,
llena de halagos homicidas
y murmullos de cóctel.
Es otra mi razón. Que no me lea
quien no haya visto nunca conmoverse la tierra
en medio de un abrazo.

La copa de cristal
que pusiste al revés sobre la mesa,
guarda un tiempo de oro detenido.
Me basta con la vida para justificarme.
Y cuando me convoquen a declarar mis actos,
aunque sólo me escuche una silla vacía,
será firme mi voz.

No por lo que la muerte me prometa,
sino por todo aquello que no podrá quitarme.

(De *Completamente viernes*)

ABDESSELEM MOUSSAOUI
(Taunat, 1958)

Escritor marroquí en lengua árabe. Profesor universitario de literatura árabe. Miembro de la Unión de Escritores de Marruecos. Miembro del Comité Ejecutivo de la Casa de la Poesía en Marruecos. Ha obtenido el Premio de Poesía Buland Al-Haïdari (Asilah, 2000), el Premio Fez para la Creatividad y la Cultura (1999) y el Premio de la revista Al-Fursán por el Mejor Poema Árabe (1992). Ha publicado los poemarios, *Sombras sonrientes en una avenida surrealista* (2023), *¿De qué tristeza rasgaron esta cuerda?* (2017), *¡Que el receptor desarrolle su propia interpretación!* (2016), *Melodía militar para una canción emocional* (2011), *Este es el deleito en que me inculcó la poesía* (2008), *Pájaros chivatos* (2003), *Techos de la metáfora* (1999) y *Discurso a mi pueblo* (1986). También ha publicado la novela, *Arañas de la sangre del sitio* (2001) y ensayos sobre crítica literaria.

ESTATUA EN MEDIO DE UN JARDÍN

Pronto me convertiré
en una estatua en medio de un jardín
toso sobre mi hombro
al caer el frío de la noche
y anhelo el sol lejano.

Pronto me convertiré
en un santo sin refugio
y en la vida de una piedra desolada
o en un proyecto de recuerdo
en una brisa efímera.

No soy ningún príncipe
para que la historia me halague
cuando la plebe me nombre.

Tampoco soy profeta
para que los pobres
sequen sus lágrimas bajo mis pies
mientras tambalean
con el ritmo de una canción
cuya resonancia quedó masacrada.

Disperso… disperso estoy.
¡Oh viento, lleva mis añicos
a tu morada!
si es que tienes una,

y desenvuélveme en una forma
digna del aspecto de la tormenta.

(De *Sombras sonrientes en una avenida surrealista*,
traducción de Sahar Ouafqa)

COMO SI UNA MANO DETUVO SUS PASOS

En este café vacío, me desgasto
como una granada olvidada, por el otoño,
en una rama seca.

Cuento las palmas de las manos que estrecharon la mía
-incluida la palma de la princesa-
y no percibo ningún sentido...
Todos pasaron apresurados
como si las balas
las estuvieran persiguiendo,
como si el camino que tomaron
se cerrara o feneciera...

En vano estoy intentando ahora
recuperar sus rasgos
con algo de alegría o curiosidad
y solo encuentro espectros agotados
y ojos apagados
como si una mano detuvo sus pasos
y los plantó en el último pasillo
del tiempo
o tal vez como si las nubes del mundo
se hubieran reunido por encima de sus cabezas
recobrando de sus cuerpos
el apogeo de la luz.

(De *Sombras sonrientes en una avenida surrealista*,
traducción de Sahar Ouafqa)

UN TEMBLOR EMPAPADO DE
SIGNIFICADOS

Asombrosa
corre por las callejuelas
sin zapatos
y en las praderas
corre huyendo
como si temiera
que la atrapara en mi cuaderno.

Se mueve como si fuera una mujer mimada
desplegando sus encantos
para luego ocultarlos apresuradamente
antes de que llegue a discernirlas
o se tapa el cuerpo
con un abrigo oscuro
y se larga al ritmo del viento...

¡Oh, poesía
detente!
Para que recupere mi aliento
permíteme que atrape algunas mariposas
para entrar al jardín engreído
de colores.
Déjame organizar mis días
sobre el pupitre del tiempo
y ordenar mis penas...
¡Oh poesía que no se concluyera!
No seas un espejo

ni un cielo,
no seas una mujer
ni un lirio.
¡Sé simplemente un temblor
empapado de significados...!

(De *Sombras sonrientes en una avenida surrealista*, traducción de Sahar Ouafqa)

JUAN JOSÉ TÉLLEZ RUBIO
(Algeciras, Cádiz, 1958)

Escritor y periodista. Ha publicado numerosos libros de narrativa y ensayo. Como poeta, se inició en 1979 con *Crónicas Urbanas*, que recibió el Premio Bahía de Poesía. Con posterioridad, ha publicado las colecciones de poemas *Medina y otras memorias*, *Ciudad Sumergida*, *Bambú*, *Daiquiri*, *Trasatlántico*, *Las causas perdidas*, *Las grandes superficies* y *Los amores sucios*, este último título aparecido en 2021. En enero, aparecerá *Los últimos pieles rojas*. Ha sido incluido en numerosas antologías y recibido premios, como Ciudad de Irún, Aljabibe o Unicaja. Sus textos han sido traducidos al inglés, francés, árabe, finlandés, portugués, entre otras lenguas. Algunos de sus versos han sido interpretados por artistas como Javier Ruibal, Paco Cifuentes, Pasión Vega, Contradanza, Carmen de la Jara, Arcángel, David Palomar y otros. Durante varios años, ocupó la dirección de programación del Centro Andaluz de las Letras.

DANZAD, DANZAD, MALDITOS

Si es que alguien busca detener la alegría,
embridar los pies, amordazar orquestas,
apagar la constante hoguera de las olas,
declarar que la tierra no gira ante el sol.

Buscad la zarabanda y huid de los desfiles,
preguntad por los derviches, evitad las estatuas,
abrazad gigas irlandesas en un patio gitano,
sortead disparos y promesas de amor.

Moveos en la dulce libertad de las clandestinas,
con botas vaqueras en la barra de un bar,
junto al altar de los templos en llamas,
al compás de las agujas de un reloj sin tiempo.

Cuando marquen el paso de los buenos modales
o prohíban jugar en las calles felices,
decreten calmas chichas, toques de queda,
ya no va más en las ruletas de la suerte.

Frecuentad la milonga de los solitarios,
pisad las ruinas del antiguo teleclub,
escapad de las ciudades dormitorio,
en noches chachachá o en días vieja trova.

Que suenen chirimías y un color caribe
se adueñe de la tarde cuando ladre
un bolero a cien besos de profundidad
entre las crines de dos yeguas desnudas.

Si el paisaje llueve sobre señales de stop,
que no falte un chorro para meceros lentos,
pasead de puntillas entre templos hindúes,
hablad un bailable, cantad las cuarenta.

Aunque la quietud no suponga usar grilletes,
preferir debierais el gozo al calabozo,
el desorden a la orden, un evohé
que levante a los dioses de su tumba.

Que crezca un vals sobre los últimos rasguños
y la danza del fuego contra la mar arbolada;
taconead mejor sobre un pecio a la deriva
que en un barco encerrado en su botella.

Escuchad como suena el violín del diablo,
sobre el techo de los chalets adosados.
Danzad, danzad, malditos, el infierno es
la música callada o el silencio forzoso.

Benditas las discotecas, la bodega del Titanic,
la marcha radetzky, un sucio regetón.
Y bienhallado el deseo que nos saca a la pista
con ojos de guaguancó y sonrisas de claqué.

(Inédito)

TARJETA DORADA

Ahora que recibo cartas de amor de Hacienda
y el rock and roll es un baile de salón,
cuando los superhéroes gobiernan las pantallas,
no hay humo en las tabernas y yo ya no soy tú.

Habrá llegado la edad de jubilarme,
cambiar la marihuana por un huerto,
contemplar de lejos a las damiselas
y creer que el tiempo aún no pasa por mí.

Ahora que los nadie votan a los todo
y las hojas de otoño se mueren de calor,
mientras que Dubai es Nueva York o Roma
y los curas son de nuevo la cura y el diván.

Habrá llegado el momento de adquirir
unas pantuflas y un albornoz de lana,
una tarde desnuda y sin nada que hacer,
un valle de lágrimas o un ya no va más.

Ahora que los míos son carne de parquet,
los rebeldes se han hecho policías,
los demonios son ángeles nocturnos
y algunos déspotas visten mis ideas.

Habrá llegado el instante decisivo
de abandonar los ruedos por los burladeros,
montar el quitamiedos, evitar las motos
y creer que los youtubers son poetas.

Ahora que mi alma no se parece a mi cuerpo,
el fascismo luce la moda de Dior,
la guerra nos alcanza en mitad de una serie
y los móviles nos hablan de gente que no está.

Habré llegado a la cola para coger la vez
de subir a la nave de Antonio Machado,
que está al partir sin duda, visto lo visto:
se llama naufragio y no es peor que esto.

(Inédito)

AICHA BASSRY
(Settat, 1960)

Poeta y novelista marroquí en lengua árabe. Vicepresidenta de la AICL francesa. Miembro de la Casa de la Poesía de Marruecos y de la Unión de Escritores de Marruecos. Miembro de varios jurados literarios. Ha sido distinguida con el Premio a la mejor novela árabe de 2018, Feria del libro de Sharjah (Emiratos Árabes Unidos, 2018), Premio Internacional de la poesía femenina Simone Landry (París, 2017) o el Premio Internacional de novela Katib Yassin (Argelia, 2015). Ha escrito dieciséis libros de poesía y novela y su obra ha sido traducida ampliamente al español, francés, turco, italiano e inglés, estando incluida en diversas antologías poéticas mundiales. Ha realizado un amplio estudio crítico sobre la obra del poeta palestino Mahmud Darwish. Escribe artículos en varios foros marroquíes y árabes. Es participante habitual en festivales culturales internacionales.

LA MITOLOGÍA DEL CUERPO

Si hubiera sido creada con la astucia de una loba
—como fui incriminada—,
y hubiera alegado que el lobo me devoró,
no me habrían comido dos veces.

Si yo hubiera gritado:
¡Oh, Dios, no son pecados lo que cometí,
aquella serpiente me incitó al placer!,
no habría sido mordida dos veces de la misma madriguera.

Si hubiera delatado a Adán,
Y con el dedo acusador hubiese señalado:
¡esta es tu criatura, Señor, él ha mordido la manzana!,
no habría sido arrojada a la tierra
con dos heridas sangrantes,
la herida del útero y la herida del corazón.

Si me hubiera sido infiel a mí misma,
y a mí misma me hubiera engendrado en la artesa de
    la lujuria,
habría sido ungida soberana del reino de Eros,
y sería dueña de mi cuerpo.

Si no me hubiera despojado de la hoja de la mora
—mi única prenda—
Y no la hubiera arrojado al rostro de Satán,
habría sido el árbol del Paraíso prometido.

Si hubiera sido más astuta y prudente,
no habría engendrado en mi útero un hombre para
   esclavizarme.

Si yo hubiera sido Atón,
No me habría creado más que a mí misma,
Y no habría habido una primera mujer,
ni un primer hombre,
no habría habido traición desde la eternidad.

Si hubiera sido creada para el engaño,
- como fui estigmatizada-
habría arrancado la túnica de mi amado
de frente,
y en el amor sería perdonada.

Si me hubiera apostado en el pórtico de la muerte,
Con la audacia del que va y regresa de ella,
y maldecido a Hades con todos sus nombres,
no habría muerto entre dos vidas.

¿Acaso fui "yo" realmente,
sin haber sido?

    (De *Nadadores en el sed*, traducción de Maribel Lázaro y
                            Akram J. Thanoon)

EJERCICIOS SOBRE SOLEDAD

Cada mujer por sí misma

Abandonar la cama
sin buscar un brazo que incubó tu noche.

Entrar en el baño
sin tropezar con toallas húmedas
o equivocarte con el único cepillo de dientes.

Mirarte al espejo;
cepillarte el pelo;
sacudirte el hielo suspendido de tu corazón;
arreglarte el cuello del vestido;
y piropearte:
"que guapa estoy sin que me mire un hombre!".

Darle al sol los buenos días
sin correr las cortinas de la depresión crónica.

Disfrutar con el ritmo monótono de las burbujas del café,
que hierve en el silencio de la amplia casa,
sin pasar tu mano
por el hastío de la seda rezongando;
"¡¿Por qué no puse dos tazas?!".

Contemplar desde la ventana de la cocina
a una mujer sola en la acera de enfrente,
que acuna la espera de quien no llega,
sin rechistar:

"esa mujer se me parece".
E indiferente, apartar tu mirada
de la escena de unos amantes
que se salpican de amor,
sin que te atraviese la nostalgia.

Comenzar tu día con una silenciosa taza de café,
sin lágrimas en los ojos.

Escuchar las noticias de la mañana,
sin pararte a recordar los sueños de ayer.

Escuchar el pronóstico del tiempo
sin hacer conjeturas
acerca de si la tormenta retrasará a un ausente
de la cita de la tarde.

Sentarte en el despacho
y reprender tus dedos
cada vez que intentas abrir tu correo
o la bandeja del Facebook.

Entonces, sumergirte en la blancura del papel
y comenzar a escribir un poema
elogiando la soledad,
con una sola condición:
no llorar.

(De *Nadadores en el sed*, traducción de Victoria Kharaiche,
editor Juan Antonio Tello Casao)

TOURIA MAJDOULINE
(Settat, 1960)

Poeta y escritora marroquí en lengua árabe. Profesora en la Universidad Mohamed V de Rabat, Doctora en crítica y artes modernas, con especialización en estética, exsecretaria general de la Comisión Nacional de Marruecos para la UNESCO, miembro fundador de la Asociación de Mujeres Creativas de los países mediterráneos, miembro de la Casa de la Poesía de Marruecos, secretaria general del Fórum de Diálogo Democrático, presidenta del Comité Nacional para la Gestión de las Transformaciones Sociales y miembro del Consejo de Redacción de la revista libanesa *Manarat*. Ha publicado siete poemarios, dos textos de crítica literaria, así como artículos de contenido social y literario en prestigiosas revistas y publicaciones del mundo árabe. Ha obtenido el Premio Nazik El Malaika de Poesía Árabe (2011) y ha recibido la Medalla de Oro de la ESESCO por su contribución al desarrollo del trabajo educativo y cultural (2012).

MUJER LIBRE

Pienso devolver la lengua a sus dueños,
y contentarme con las señas.
Ya que, cada vez que olvido el tiempo,
tengo más sabiduría.
Ya no escribo poemas de amor,
Ya no tengo preguntas,
Ni necesito más valentía
para caminar
a la inversa de los latidos del corazón.
Ahora doy nombres a los años,
Y colores a los días,
Tal vez leo poesía de la edad antigua,
¡De tanto aburrirme!
Y me divierto con las sombras del remordimiento,
sobre el rostro del tiempo.

No, no he olvidado nada,
No busco el olvido.
Todas las noches son espejos del recuerdo,
Y no hay distancia para la ausencia,
Todas las palabras son ventanas de la audiencia.
Sólo me ahorro un poco de aliento.
Tal vez toco las campanas de la verdad
en el último tercio de la noche,
Sin preocuparme por lo que fue ni lo que será.
No toco la puerta de la retórica, para llegar a la verdad,

No deambulo la imaginación como las mariposas,
Y mi lengua ya no es un oasis de metáforas.

&

Ninguna luna envejece en mi cielo,
ninguna ira brota de las afueras del discurso.
Y hasta el lugar
que parecía lleno de recuerdos luminosos,
ahora se pliega como la sombra de una rosa,
en el balcón del corazón,
bailando con la melodía del vacío...

&

Solos la tarde y yo
Compartimos el balcón del atardecer,
Y pasamos al seno de la noche,
Con menos sueños y menos insomnio,
Y un cielo bordado con piedras aguamarinas
Y suficientes sombras para olvidar.

&

¿Quién eres?
Dicen los críticos y los guardianes del significado.
Yo también me pregunto quién soy.
No tengo umbrales para una primera lectura,
como suelen hacer los críticos.
Ya no reconozco mi cuerpo
como si fuera una fruta tropical sin nombre.

Y mi corazón roto por la nostalgia,
se vuelve ligero,
justo como deseaba hace un año.
Y mi sombra herida,
echada como un ahogado sobre mis orillas,
navegaba desesperadamente
igual que un barco varado en el atlántico,
La extiendo ahora en el espacio,
y germino en ella,
Dibujo muchos soles en ella,
Y de su luz transparente,
gotean las palabras,
y canto para el poco tiempo que me queda:
Soy una mujer libre
Y, antes que nada,
No soy la que llevó Adán a la manzana.
Sólo estaba aburrida de tanto sentarme
bajo el árbol frondoso,
Y me levanté,
Para quitar las sombras que me envolvían,
La hermosa manzana torpe,
agarró la mano de Adán
y me cargó la culpa de las mujeres
Ella, ahora, es inútil,
Y no puede cambiar la Historia de nuevo.

Soy una mujer libre,
No recuerdo dónde me encontré
con mis rasgos amargos por última vez,

Mi mano se abrigó con agua,
Y mi cuerpo estaba sobrecargado de heridas,
La tierra confundida,
no se detiene por la ansiedad de los pasos,
y el cielo era un bosque de metáforas.

&

Crucé el tiempo de pie como una lanza,
mirando las llamas,
Dejé la tierra que fue testigo de mi cansancio,
Llevé mis fronteras conmigo,
a otra alienación.
Construí un sonido para el eco,
Y un techo para mis pequeños sueños,
¡Y se me olvidó cambiar el cielo!

&

Esta soy yo
mujer totalmente libre.
¡Y pienso maldecir el presente también!
Y convertirme en una isla;
O una tarde…
No tengo sueño
Sino el de morir con orgullo.

(De *Memoria del corazón*, traducción de Rajaa Dakir)

HASSAN NAJMI
(Ben Ahmed, 1960)

Poeta y novelista marroquí en lengua árabe. Posee un doctorado, versando su tesis sobre la Poesía Popular en Marruecos. Fue elegido presidente de Unión de los Escritores de Marruecos varias veces. Es, también, miembro fundador de la Casa de la Poesía en Marruecos y miembro de su junta directiva. Actualmente es presidente del PEN Club en Marruecos. Ha trabajado como periodista. Actualmente es funcionario en el Parlamento de Marruecos. En poesía ha publicado, *Ya tienes el principado, O lavándula*, (1982), *Cayó por descuido* (1990), *Vientos ocres* (1992), *Pequeña vida* (1996), *Las bañistas y Eternidad pequeña* (2002), *La llave de Granada* (2003), *Poética de las ruinas* (2004), *A solas* (2006), *Un Amor como la ofensa* (2011). También ha publicado la novela *Gertrude* y varios libros de ensayo: *La gente y el poder* (1997), *El poeta y la experiencia* (1999), *Poética del espacio* (2000) o *El canto de la Aita: La poesía oral y la música tradicional en Marruecos* (2007).

INSPIRACIÓN DE MASNAVI

En la noche de tus ojos
ninguna luz me hace caso excepto el candil de mi cuerpo.

¿Con qué pierna bailaré contigo,
si todas las flautas están mudas en mi cuerpo?

¿Para qué la abundancia de las palabras?
Y la abundancia del silencio… ¿Cómo la borro de mi cuerpo?

Todo se borrará en mí si me yo borrara.
No se quedará nada después de borrarse mi cuerpo.
Excepto él: Mi cuerpo.

(De *Pequeña vida*, traducción de Khalid Raissouni)

LA MANO Y EL PASO

Cuando caminas entusiasmado con la Tierra
se derraman otros significados.
Y para ti será el Universo.
Para ti serán las cosas para que las toques
pero tienes una confusión de las manos.
....
....

Este es tu paso
como si fuera medio paso en lo desconocido.

(De *Pequeña vida*, traducción de Khalid Raissouni)

EL BARRO

Puedo ver mi muerte
LEONARD NOLENS

Dejé al derrame de gas que devorase el aire
de la habitación. Me acosté para dormir como
se lo merece una muerte fascinante. Me río
al recordar cómo se alimentarán los gusanos
de la oscuridad con las últimas ilusiones
que hincharon mi cuerpo. No olvidé: Se necesita
una maldición digna de la estación sublime y de mí.
No soy delincuente...
Pero devuelvo este barro a su origen.

....

Ahora que contemplo profundamente el techo de la
    habitación
puedo tocar mi muerte con una mirada.

(De *Pequeña vida*, traducción de Khalid Raissouni)

SOL FRÍO

La tarde se inclina.
Y el viento se convirtió vertical en la lentitud del Mundo.
Los rostros atraviesan los confines de la edad.
Y no hay necesidad a turbantes.
El sol se alzó sobre nuestras cabezas.
Y el poeta como un niño cazando la luz.
Recoge lo que cayó de estrellas.
Y el gorrión sin ventana.

Otra oscuridad.
Un hombre apagado por la noche.

Aquí puede morirse en libertad.

(De *Pequeña vida*, traducción de Khalid Raissouni)

UNA OFENSA COMO EL AMOR

En silencio, con calma, en la luz pálida, alcanzan el amor,
con frialdad, con menos entusiasmo, con la mano del
    tiempo
puesta sobre el hombro.
¡Llegan al amor ofendiendo uno al otro!

                              (De *Una ofensa como el amor*,
                        traducción de Khalid Raissouni)

MARÍA ROSAL
(Fernán-Núñez, Córdoba, 1961)

Poeta, narradora y ensayista. Es doctora en Teoría de la Literatura y del Arte y Literatura Comparada por la Universidad de Granada. Profesora de la Universidad de Córdoba, ha sido Directora de la Cátedra Leonor de Guzmán y Directora General de Igualdad de la Universidad de Córdoba (2015-2022). Forma parte de la Real Academia de Córdoba y de la Academia de Buenas Letras de Granada. Ha participado en recitales de poesía en España, Italia, Alemania, Polonia, Holanda, Grecia, Marruecos, Cuba y México. La antología *Tiempo de flores muertas* (2019) reúne parte de su obra poética. Ha publicado más de veinte libros de poesía y ha recibido, entre otros, el Premio de Poesía Ricardo Molina por *Tregua*, el Andalucía de la Crítica por *Otra vez Bartleby*, el Premio José Hierro por *Carmín rojo sangre* y el Premio Internacional de Poesía Ciudad de Sassari (Italia) por *Geometria delle ombre / Geometría de sombras* (2023).

EL ÁRBOL DE LA NIEBLA

Camino hacia la Alhambra.
El tacto del otoño,
una tibia celada
sobre las hojas blandas de los árboles.

Las semillas de acanto
que un día nos llevamos,
                    -juvenil travesura-,
florecen hace tiempo en nuestra casa.

Con el agua del pozo, bajo la luna llena,
                    inundé las esquinas.
Entre los arriates,
las sombras de la Alhambra,
sus torres y su noche
han tejido una urdimbre
de amor en nuestro patio.

Hoy vuelvo sola.
                    Las luces,
el perfume de la tierra mojada
acrecientan la ausencia.

Busco el árbol de niebla,
nuestro humilde secreto
en su tronco tallado.
Camino y oscurece.

El agua en las acequias se acompasa.

Tras la puerta del vino,
el árbol de la niebla
ofrece sus humildes tornasoles.
Nuestras huellas borradas:
apenas cicatriz, humo y ceniza.

El árbol de la niebla: silencioso y sereno.
Árbol solo. Tras la puerta del vino.

(Inédito)

REGRESO

Alguien ha abierto los postigos
del balcón de la casa abandonada
RAFAEL GUILLÉN

Apenas una sombra,
un movimiento apenas. La cortina
se aparta y deja paso a un rostro.
Es el rostro de una mujer,
una mujer que ha vuelto.
Busca con la mirada algún rastro,
el nido de las tórtolas, el panal
de avispas bajo el alero del tejado,
los restos del amor, la confitura.

Paladea una pregunta
y se le vuelve amarga.
No encuentra las fuerzas
para abrir el cajón de la cómoda,
para leer la carta apolillada
casi resto de piel, caligrafía.
Una carta que huele a rosas secas,
a almendras y albahaca retorcida.
Siente que ha llegado la hora.
Acalla los murmullos.
En el tercer cajón:
la seda antigua, los reproches,
la tinta dolorosa en su tiniebla,
las palabras con su fino arañazo

sobre la piel desnuda.
Se cierran los postigos
del balcón en sombra de la casa.

(Inédito)

TEMPUS FUGIT

Pronto serán de niebla nuestras espaldas
MARIO LÓPEZ

Pronto la niebla será tan densa como el páramo.

Habrá en el campo esquinas
          y, entre pájaros muertos,
una oscura lechuza blandirá entre sus garras
un pliego de armisticio.

La moneda de cambio: la vida y sus migajas.

Es amargo el paisaje de la sal y la arena,
el decorado mustio,
                    tristes los figurantes.

Y aunque dicen que es tiempo
              de sol y de milongas
la noche se hace larga y es escasa la lumbre.

Caronte nos abraza con el torso desnudo.

(Inédito)

AZIZ TAZI
(Fez, 1961)

Poeta marroquí en lengua española. Doctor en Filosofía y Letras y traductor superior. Es profesor universitario, ex-jefe del Departamento de Hispánicas de la Facultad de Letras y Ciencias Humanas Dhar El Mahraz, Universidad Sidi Mohamed Ben Abdellah de Fez. Ha publicado los poemarios *Balbuceos, Último aviso* y *Polvo de estrellas*. Su poesía está incluida en antologías como *Calle del agua: Antología contemporánea de la literatura hispanomagrebí, Estrecheños, La frontera líquida, Mar de Alborán. Antología de la poesía contemporánea andaluza y marroquí* y en revistas especializadas. Premio Rafael Alberti de poesía de la Consejería de Educación de la Embajada de España en Rabat. Ha traducido al árabe, entre otros, el poemario *A las órdenes del viento* de Raquel Lanseros. Académico correspondiente por Marruecos de la Real Academia de Córdoba. Es delegado en Fez de la Asociación de Amistad Andaluza-Marroquí Foro Ibn Rushd.

FUTURO REMISO

Si todo viene dado,
si la exaltación del alma
—acaso solo arbitrarias sinapsis—
ante el crepúsculo no es más
que la impronta del buril de la retina,
si el cuerpo es la apoteósica conjura
de eternas partículas,
si el misterio de los sueños
y la imparcial finitud son
los mismos para todos,
¿de dónde viene, entonces,
que el amor no alcanza
a todos los corazones?
¿Por qué la inquina y el rencor aciago
desbaratan la paz de los inocentes?
¿Por qué las injusticias y las guerras sajan de raíz
el derecho a la vida de nuestros semejantes?
Quizá no basten la razón y el raciocinio;
quizá tengamos que confiar en que
el radiante futuro vaya a irrumpir tarde o temprano
en el porvenir intemporalmente desplegado.

(Inédito)

POESÍA

Absorto en el silencio en busca
del vocablo que punce tu cerebro,
la punta de la nariz alzada y movediza
como si oliscando fuera a sustraer
del aire el final de verso perfecto;
los cigarrillos que colman el vacío
que deberían haber ocupado
reveladores adjetivos,
intuidos entre las ramas quietas
y los brevísimos destellos
de la memoria;
la irresoluta decisión de terminar
o continuar con el tanteo
que tanto se antoja baldío
como precursor de inefables
hallazgos.
Entretanto, el bocinazo de los coches
y el sonido de llamadas
y mensajes entrantes
te devuelven inexorablemente
al prosaísmo de lo contingente,
a la inocente espera de la salvadora
luz que inunde tu poema.

(Inédito)

SUSPENSIÓN

Estás en una estación de tren
con los ojos absortos en el suelo,
las manos en los bolsillos
y el aire frío que te humedece los costados.
De repente te sientes solo, como acorralado,
desgajado de la cadena de instantes sucesivos
que el motor del tiempo renueva en ti
sin tregua para que sigas avanzando,
integrando el tropel que te justifica,
la labor que te espera,
la contingencia que eres
y la noticia que son para ti los demás.
Este sutil naufragio,
esta sensación de isleño sin otro asidero
que su propia inercia,
esta misteriosa y breve suspensión
del espacio y las horas
y esta soledad sin orillas son de repente
borrados por el cruel bocinazo
que te devuelve una vez más
a la insignificancia de tu rutina,
a la urgencia de las cosas sin importancia.

(Inédito)

LAS PEQUEÑAS COSAS

Aprende a saborear los instantes
del insustituible ahora,
esas pequeñas y ordinarias cosas
que en el futuro añorarás y te parecerán
como aquello en que consistía la ya ida
e irrecuperable felicidad.
El recuerdo y la nostalgia de lo que fue
y de lo que a medida que iba siendo
se te hacía lleno de monotonía y tedio
mientras suspirabas por una luz salvadora,
tiene una claridad que, aunque no ves, llena
todo tu espacio-tiempo presente,
el único que tienes.

(Inédito)

BALBINA PRIOR
(Villaviciosa de Córdoba, Córdoba, 1964)

Es Doctora en Filología Inglesa y ha realizado cursos en las Universidades de Westminster, Santa Cruz y Harvard. Su obra se ha reseñado en numerosas revistas españolas e internacionales: Hofstra (USA), Baquiana (USA), Milennium (México)... Forma parte del consejo asesor de diversas revistas. Asimismo, colabora en prensa como articulista y crítica literaria. Como traductora ha dado a conocer en España a Donald Hall, A. Wickham, Mary Jo Bang o Aphra Behn. Pertenece al PEN Club, a ACE y a Asociación Española de Críticos Literarios, participando como jurado en los Premios de la Crítica, Premios Nacionales, Ricardo Molina, Leonor de Córdoba, entre otros. Obtuvo el Premio Ciudad de Móstoles. Sus últimos libros son *La Tradición Trascendida. Cántico* (2017), *Memorial de Frontera* (2018) y *Subasta de Sueños* (2020). Ha sido incluida en numerosas antologías como *Poesía viva de Andalucía* (2006) o *La inteligencia y el hacha* de Villena (2010).

MEMORIA (LA CAMPANA) HISTÓRICA

Atraviesa mi abuela
campos abandonados
por la guerra. Cruza
las sementeras desiertas con su hijo
a cuestas. Los campos, cobijo del miedo,
mi abuela con su hijo a cuestas.
Campo a través, mi abuela,
con hambre y el fusil.
Esperando a los bárbaros.
Bárbaros en España, abuela.
Atraviesa el campo abandonado,
sin satélites, portátil, ni GPS, mi abuela.
Los campos entregados al enemigo.
Cunetas va dejando atrás,
atrás a la guerra.
Paseados en las cunetas atrás
llenan las sementeras. Bajo
la arena los paseados sin destino ni futuro,
                    sin frontera.
Mi abuela, sin portátil, sin comida, ni GPS,
huye a pie hacia La Campana,
mi abuela, con su hijo en brazos, mi abuela.
Dejo atrás el recuerdo de La Campana
y la señal en la autovía que me anuncia:
mi abuela, La Campana, mi abuela.

(De *Timos en la Edad Desnuda*)

EDAD DESNUDA ·

Disponemos de un sólo minuto
para recorrer la dilatada niñez,
y en escasos treinta segundos
escanciamos y libamos
el prodigio de la adolescencia,
pero en la Edad Desnuda
no alcanzarán sino quince segundos
para sucumbir a la enfermedad y al dolor.
Existe un sí dentro del sólo minuto,
y un no en los escasos treinta segundos,
pero más allá del no, se presenta
como en círculos concéntricos
la vida adulta.

En nuestra primera andadura
no estamos solos,
cuando nos hallamos en el no
a nadie necesitamos,
pero llegado al último anillo
que ciñe prieto la Edad Desnuda,
todos van desapareciendo,
nuestros padres, nuestra pareja, quizás algún hijo,
y concluimos adorando al tótem Soledad.

Ahora, advenedizos en este sinuoso trayecto,
todos violentamente ausentes
y rumbo a la púrpura nada
entre manos enemigas,

con todos los tiovivos
reducidos a hierro y cenizas
por las mafias de la decrepitud,
y ya más despojados que nunca,
no evitaremos ser el último afluente
del proceloso mar de Manrique,
con tantas y tantas sustancias tóxicas mezclados.

(De *Timos en la Edad Desnuda*)

(T) DEL AGNÓSTICO

La religión tu vida entera desdeñaste
APHRA BEHN A DRYDEN

No es la fe un calcetín
pisoteado en el barro,
que se recoja
para tapar una herida
mortal en el pecho.
Nada resta para aquellos
impermeables a la anestesia,
inseminados con lo refutable,
que se mantienen erguidos
rehusando sobre césped artificial
el tributo al cemento granulado como duda.
Aquellos con la adrenalina disparada,
viviendo con los brazos escayolados
y en silla de ruedas,
que no aceptaron provocaciones de la culpa,
militando en el permanente relativismo,
sin poder pagar matrícula tan cara,
sin dar solución a su suerte,
porque una vez que te han caído
las cenizas recién incineradas
de tus antepasados en los ojos,
no hay quien se deshaga de ellas
por el sumidero de cualquier wáter.

(De *Timos en la Edad Desnuda*)

PISOS EN ALQUILER

Declaro haber vivido en miles:
de patio interior, oscuro y de vida intensa;
el del sexto sin ascensor
lleno de goteras y fuertes vientos;
del que nos echaron porque nos amábamos
sin control ni reglas fijas;
el que no escondía siquiera letrina;
uno con demasiados recovecos y sin esperanza;
otro compartido sólo viernes noche y ya sabes para qué,
y aquella casita en Cájar de vistas a la vega.

Llegué a acostumbrarme como al amante esquivo,
pero las paredes desnudas
dan siempre una lección de humildad,
y a menudo, como amigos, a mis libros
y a los posters de Grecia y Nueva York
les crecían raíces y alguna fisura de poca importancia.

Ahora busco casa para comprar.

(De *En los Andenes de la Era Heisei*)

ÁLVARO GARCÍA
(Málaga, 1965)

Traductor de Edward Lear, T.S. Eliot, W. H. Auden, Philip Larkin, Margaret Atwood y Kenneth White, ha publicado los libros de poemas *La noche junto al álbum* (1989), *Intemperie* (1995), *Para lo que no existe* (1999), *Caída* (2002), *El río de agua* (2005), *Canción en blanco* (2012), *Ser sin sitio* (2014), *El ciclo de la evaporación* (2016), *Cuando hable el gato* (2023) y *Back Bay* (2024); los ensayos *Poesía sin estatua* (2005), *Pararnos y mirar* (2009) y *La vuelta a la poesía* (2024); y las novelas *El tenista argentino* (2018), *Discurso de boda* (2020) y *Elenco* (2022). Ganador de los premios Hiperión y Loewe de poesía y Ciudad de Barbastro de novela, fue elegido autor del mejor libro de poesía en español 2012 por la revista El Cultural. Con poemas suyos, el músico pop Conde ha realizado los discos *Ser sin sitio* (2018) y *La única mañana* (2023).

CONTINUIDAD

Para borrarse y convertirse
en música o en muerte
tiene uno que existir, ser uno,
estar de pie en el mundo,
compartir
la múltiple estatura
del misterio.

En el olvido de la humanidad
está la sinfonía
de todas nuestras muertes.

La oyen sin oírla
los que viven.

(De *Para lo que no existe*)

PALABRAS

Yo sigo el rastro de la tinta oscura
para encontrar palabras que sean lo que son y al mismo
    tiempo
lo que no pueden ser, lo que transita.

Las horas que gastamos en pensar;
la exactitud de lo que no es exacto;
el margen de equilibrio que admite que los dedos del
    presente nos
mancillen.

La sensación de estar donde no estamos
y también la contraria:
no ser jamás del todo lo que somos.

Materia y consistencia y transparencia:
como una fina lámina de mármol
deja pasar la luz.

(De Para lo que no existe)

EL VÉRTIGO

Era como asomarse al vértigo
de querer revivir contigo
tiempo en que no nos conocíamos,
como quien se cuela en un sueño

o conversa con el espectro
de pesadilla de sí mismo.
En una, estaba malherido
anoche y de pronto me acuerdo.

Era un hueco de vida en bruto
la vida entera excepto meses
cuando al fin estábamos juntos.

Escapábamos de la muerte,
más veloz que el giro del mundo
y que los años que no vuelven.

(De *Cuando hable el gato*)

ANA SÍ

La única mañana
es la de Ana.

Reflejos
que se inventan un cuarto alrededor
de Ana y de mí y es nuestro aunque esté lejos.

Es una luz amante,
insegura y segura como esta
mañana cuando todo, en un instante,
es la mañana que el amor nos presta.

Nadie estaría nunca tan seguro
de algo tan inseguro. Ha sido
en este mundo del que juro
que me animaba verle algún sentido

hasta una mañana en que con ella
deja el sentido en todo alguna huella.

La única mañana,
la de Ana.

(De *Cuando hable el gato*)

PLAYA ÚLTIMA

No pido más justicia, si la hubiera,
que la de recordarte a ti dormida,
tu pelo húmedo en mí, de atardecida,
un día en que la vida era y no era.
Guarda silencio la bahía entera,
respiro tu dormir: quieta caída
dulce de quien al fin sueña su vida.
Funde la luz el dentro con el fuera.
Tu pelo es una luz que se acaricia.
Tu paz de cuerpo húmedo y dormido
es como el pensamiento de la tarde.
No piden piel con piel otra justicia.
La luz nos reconoce, nos ha unido.
El sol rojo nos mira mientras arde.

(De *Cuando hable el gato*)

KHALID RAISSOUNI
(Casablanca, 1965)

Poeta marroquí en lengua árabe y traductor. Licencia-
do en Literatura Árabe. Miembro de la Unión de Escri-
tores de Marruecos, de la Casa de la Poesía en Marruecos
y de la redacción de la revista *Al-Beyt*. Ha publicado: *Más
allá del olvido* y *Libro de los secretos*. Tradujo al árabe: *So-
bre los Ángeles* (Rafael Alberti), *Diario cómplice* (Luis García
Montero), *Pronunciación desconocida* e *Invención del enig-
ma* (Jorge Urrutia), *Paralajes*, *Fractales o Arcángel de som-
bra* (Clara Janés), *Obras poéticas escogidas* (Federico García
Lorca), *Soledades, galerías y otros poemas* y *Campos de Castilla*
(Antonio Machado), *Cien poemas y un poeta* (José Manu-
el Caballero Bonald), *Descripción de la mentira* y *Arden las
pérdidas* (Antonio Gamoneda), *En resumen* (Leopoldo de
Luis), *Valer la pena* (Juan Gelman) y la *Obra Poética de J. L.
Borges*, entre otros autores. Es Premio Internacional de
Literatura Árabe Ibn Arabi (2017) y Premio Poeta del año
en Nueva York (FAPNY).

SECRETOS DE LA BLANCURA

La palabra es el secreto de algún Dios,
la blancura una desnudez, el grito una ausencia,
otra pregunta sobre un libro que se oculta en el laberinto,
no mendiga la respuesta,
una muda biblioteca circular
donde se acuesta la pregunta ciega de Borges,
transitando la blancura hacia la eternidad,
una cara que no se proyecta en la tinta,
y el espejo un vacío o un eco,
¿eco o vacío?
El libro es un espíritu errante,
una herida que contempla la distancia,
un cielo que reside en los límites de la oscuridad,
un camino que conduce al sinsentido.
Somos el sinsentido demorado
sublevándose contra la lengua,
somos el silencio de las señales,
los sueños sin salida
que se funden en los labios escindidos,
la nada escrita por una tinta humillada ...
¿Quién posee el secreto de esta blancura?
La palabra es el secreto de algún Dios,
la inocencia es nuestra eterna desnudez
y nuestro grito es el indicio de la ausencia.

(De *Libro de los secretos*, traducción de Khalid Raissouni)

SECRETOS DE LAS RUINAS

En Córdoba me he leído en un libro,
he caminado entre las ruinas
meditando lo eterno
alejándose de mi tinta.
El sol revelaba la ignominia,
respiraba aire pesado
que manifiesta mi secreto
y me incitaba con la dulce ambigüedad
y con la tentación de tragar la palabra.
En Córdoba estaba abierto el libro
y de repente me encontré fuera de su espacio,
arrastrando secuelas de una gloria de polvo.
He visto Guadalquivir llorando,
he visto los arcos desplomarse encima de un mármol
    reluciente
y los adornos del arabesco burlándose de mí.
Vi a Ibn Hazm entregándome el Libro de su pasión,
aconsejándome de descifrar el código de su tinta secreta,
quizá encuentre en el amor un punto de apoyo a mi pie
para iluminar los secretos de un libro
que resucita de las ruinas.

(De *Libro de los secretos*, traducción de Khalid Raissouni)

LOS SECRETOS DEL SUEÑECITO
DE JAZMÍN

Entre luces y canciones
atravesaré este sueñecito
en el cielo de los perdidos.
Se me abre ante los ojos y se cierra
un horizonte igual que un laberinto,
un tiempo ebrio que transitaba callejuelas trasnochadoras
que devoran la oscuridad de los rostros y los espectros,
devoran fragmentos de un recuerdo del pasado
que resucita en cualquier instante
para acompañar la memoria
en su viaje nocturno
reluciendo ante el poderío de las ruinas y del olvido,
despreciando el elogio de las piedras y de los umbrales
que encienden en ti las quimeras de tu soledad
y los pecios del engaño que carcomían las calaveras,
levantan arcos de una gloria en palabras
y una cartografía agotada sobre las mesas de engaño
jadeando detrás de las sillas,
detrás de una existencia hecha de ilusiones y de colores...
Transitaré el sueñecito de jazmín
con los oídos muy atentos
a los susurros de los dedos y del llanto,
a mi sombra que me persigue
como un perro en una jauría errante
que siembra terror en lo más hondo de mi alma ciega
amenazándola de un arresto a domicilio en el olvido,
y yo detrás de las puertas

veo los círculos del mundo cerrándose delante de mi cara.
Confuso, intento penetrar profundamente en el laberinto
persiguiendo los vientos de la quimera que me trazan un
    camino
que barre impetuosamente mis papeles
y lo que queda de mi cielo
y de los murmullos del jazmín
sobre la hierba mojada de mis marchitos jardines.

(De *Libro de los secretos*, traducción de Khalid Raissouni)

SIHAM BOUHLAL
(Casablanca, 1966, reside en Francia)

Poeta y medievalista en lengua francesa. Doctora en
literatura por la Universidad París-Sorbona, se dedica a
la traducción de textos medievales como *El libro de bro-
cado o la sociedad refinada de Bagdad en el siglo X* (2004) o
El arte del comensal o beber en la cultura árabe (2009). En
poesía ha publicado los poemarios *Poèmes bleues* (2005),
Songes d'une nuit berbère (2007), *Corps Lumière* (2008) o *Mort
à vive* (2010). Ha publicado varios libros junto a artistas
plásticos de diferentes nacionalidades: *Le sel de l'amour* con
Julius Baltazar (2009), *Etreintes* con Albert Woda (2012)
y *Le reverse du monde* con el artista japonés Mikio Wata-
nabé (2014). En novela ha publicado *La princesa Amazigh*
(2009), *Abrazos, microcuentos poéticos* (2012) y *Y tu ausencia se
hará carne* (2015). Ha sido distinguida, por toda su carre-
ra, con el Premio del Éxito Femenino en el Quai d'Orsay
de París concedido por la Asociación Francia Euro Médi-
terranée (2011).

EL LIBRO DE DRISS

No verte ya
es buscar en las partículas de aire tu respiración
en cada grano de arena tu piel
en toda lágrima tu gusto
detrás del árbol tu sombra

No verte ya
es correr por el vacío para seguir tu paso
volver la cabeza por todas partes detrás de tus ojos
acurrucarme en mi cuerpo apoyado en tu brazo

No verte ya
es escuchar tu voz que glopea contra mi alma
abrir todas las puertas del tiempo en su silueta

No verte ya
es desnudar mi corazón y esperarte bajo la sábana
escrutar mis manos llenas de tu olor

No verte ya
es para extenderme por el suelo y susurrar tus palabras
coger cualquier puñado de tierra y soplar en mis pulmones
espiar los brotes que llevarán tu rostro

No verte ya
es vestir al viento con esperanzas y dejar que se marche
fecundar el agua de los ríos con todos los pesares y no
dejar que nadie se abre en ellos

No verte ya
no verte ya
quién entendería?

(De *Muerte en vivo*, traducción de François Michel Durazzo,
Enrique Moreno Castillo y Rafael Antúnez Arce)

Yo no quería para ti otra mortaja que mi cuerpo, cubrirte con rosas, incienso, mirra, almizcle y sándalo, dibujarte un aposento en mi corazón, regalarte palabras subterráneas surgidas de una opacidad que brillara al tocarte, penetrar en el misterio y en lo negro de la muerte contigo y acompañar aún tu mano en sus más delicados y más majestuosos gestos. Siempre ir hasta el desnudamiento de mi ser entregado a ti. Quedar penetrada por su muerte como por un delicioso asalto. Tirar mis ojos en ese hoyo que acogía tus despojos y no tener más mirada. Convertirme en pensamiento, y multiplicarme en ese nuevo lugar que quería abrazarte, que cree contenerte. Yo no quería para ti otra mortaja que este cuerpo roto de amor por ti.

(De *Muerte en vivo*, traducción de François Michel Durazzo, Enrique Moreno Castillo y Rafael Antúnez Arce)

Tú eres mi alma en mi cuerpo, ¿cómo puedes estar lejos?
Tú eres por encima del amor, más allá de ello, tú no eres
otro que yo mismo. Tú me superas y superas esa cosa lla-
mada amor Tú eres el alfarero de mi alma. La moldeaste
en sus más pequeñas sinuosidades y trabajaste como arci-
lla nueva. ¿Cómo puedes estar lejos, estar en otro lugar?

(De *Muerte en vivo*, traducción de François Michel Durazzo,
Enrique Moreno Castillo y Rafael Antúnez Arce)

AMAL EL AKHDAR
(Alcazarquivir, 1967)

Poeta marroquí en lengua árabe. Diplomada en Lengua y Literatura Árabes por la Universidad Abdelmalek Saadi (Tetuán), es miembro de la Unión de Escritores Marroquíes y ha publicado cuatro poemarios: *Restos de Kalam* (1995), *Más como yo* (2012), *Una mano que no se compromete* (2021) y *Umbral de Chaikovski* (2022). Ha colaborado con un estudio sobre "La necesidad de la poesía" en el libro colectivo titulado *El Futuro de la Poesía, El Futuro del Sueño* (2007). Sus poemas han sido traducidos al francés, español e inglés, y se pueden encontrar en varias páginas web y antologías poéticas, entre las que destacan, *Voces del Sur* (2005), *Antología de la poesía femenina marroquí* (2007) y *Poesía femenina y sociedad: antología poética marroquí* (2010).

TENTACIÓN DE LAS PREGUNTAS

¿De la brecha del sueño tenía yo que resurgir como una rosa?

¿Con la amargura del tiempo tenía que purificarme?

¿Tenía que huir de mi tiempo como un color pálido?

¿Tenía que ser consagrada por el profundo silencio que me empujara hacia el éxtasis de los profetas?

¿Tenía que manifestarme mucho, envejecer mucho... y extraviarme por mi anhelo de pasiones?

¿Tenía yo—oh, todas aquellas cosas que cuando se separan de mí hacen que rompa lo que queda de mis espejos—, tenía que bendecir la posibilidad de un sueño más extenso que mi tiempo?

¿Tenéis, oh todos vosotros que maldecís los asuntos del corazón, que embriagaros de mi desnuda pausa sobre la superficie de las páginas...?

¿Las cautelas del alma, en vano tenían que atravesarme y echar a perder mi pequeña muerte, el cotidiano deseo dentro de mí, las celebraciones de las bodas, los cuentos de la hija de los vecinos y las vaciedades en las noches frías?

¿Tenía yo que desplazarme, que oponer resistencia, que tratar de engañar a la memoria, escribirme a mí misma, ejercer el oficio de la calle, perder la cabeza por el asombro de las rosas cortadas, obedecer a la tentación del inicio y relinchar por la imposibilidad de los finales, ausentarme en los confines del hechizo a mi alrededor y vigilar las mariposas en su vuelta?

¿Tenéis vosotros que ser tal como sois?

La caligrafía de las palabras al principio de la línea cae de rodillas y vuestros ojos son los testigos.

(De *Voces del Sur*, traducción de Khalid Raissouni)

SALTO

Invisible temblor,
confusa residencia,
inclinado atraque,
posesión arrebatada,
difícil y sediciosa,
perpleja tentación,
intimidad extraña
y locura digna de toda reverencia.

(De *Voces del Sur*, traducción de Khalid Raissouni)

CALMA

Esta calma es tan antigua y tan alarmante;
están embriagados los pabilos de los candiles;
coquetos, anhelan el rostro del cielo;
crucificadas las cortinas,
lentos los pasos,
mudos los ojos
y sellados con arena los corazones,
cuerpos perecederos,
faros que, desdeñosos, limpian la noche.
Y nada se estremece,
salvo yo... y la luna.

(De *Voces del Sur*, traducción de Khalid Raissouni)

CAUTELA

Como en cualquier amanecer,
me enajena una rosa temblorosa.
Como en cualquier mediodía,
una brisa triste me abandona.
Como en cualquier tarde,
voy y vuelvo temerosa.

(De *Voces del Sur*, traducción de Khalid Raissouni)

RAQUEL LANSEROS
(Jerez de la Frontera, Cádiz, 1973)

Poeta, traductora, antóloga y profesora universitaria. Su libro de poesía *Matria* obtuvo en 2019 el Premio Nacional de la Crítica y el Premio Andalucía de la Crítica. En abril de 2024 se publicará su último libro, *El sol y las otras estrellas*, que ha obtenido el Premio Internacional de Poesía Generación del 27. Ha sido asimismo galardonada con el Premio Unicaja de Poesía, un Accésit del Premio Adonáis, el Premio de Poesía del Tren, el Premio Antonio Machado en Baeza, el Premio de Poesía Jaén, el Premio de Literatura Ciudad de Priego y el Premio de las Letras de la Academia San Dionisio de Jerez. Sus anteriores libros de poesía publicados son *Leyendas del Promontorio*, *Diario de un destello*, *Los ojos de la niebla*, *Croniria* y *Las pequeñas espinas son pequeñas*. Su obra poética ha sido reunida en su integridad en el volumen *Sin ley de gravedad. Poesía (2005-2022)*. Su obra ha sido publicada en Francia, Estados Unidos, Colombia, Argentina, Italia, México, Portugal, Marruecos, Perú y Puerto Rico.

ODA A LA CREENCIA

Quién pudiera creer, seguir creyendo
en ti que eras quien creyó que fuiste
aquella que yo creí ser algún día,
cuando creía en tus ojos y, creyéndote,
volvía a creer, crédula y sin descrédito.

Hoy me cuesta creer que te creyera
y, sin embargo, aunque no me creas,
nada quisiera más que creer de nuevo,
ligero el corazón de descreimiento,
como solo se cree antes de haber creído.

(De *El sol y las otras estrellas*)

NUEVO AMOR, NUEVA VIDA

Und doch, welch Glück! Geliebt zu werden,
und lieben, Götter, welch ein Glück!
JOHANN WOLFGANG VON GOETHE

Así somos, Amor, ingratos y volubles
tú que nos has creado nos conoces
como niños insomnes, como niños
que miran a la luna, te soñamos
sin plan ni vocación, lejos de comprenderte.

El resto es bien sabido: delirio, confusión
crujir de dientes, mesado de cabellos.
No faltan necios con reclamos y quejas
déjame en paz, amor tirano
en mala hora retírate
Liebe, Liebe, laß uns los.

Que solo te merecen los valientes
los cándidos, los puros, nadie podrá negarlo.
Que nublas, que enloqueces
¿quién lo ignora?

Sin embargo, ¡qué suerte ser amado!
Y amar, ¡dios mío!
¡qué suerte!

(De *El sol y las otras estrellas*)

MADRE

Descomunal, gigante, titánica, celeste
vasta, infinita, inmensa
nutrida, incandescente
estable, arbórea, sólida
mayúscula, cuantiosa
considerable, fértil, suficiente
humana, mancillada, claroscura, fugaz
intermitente, frágil, perfectible
abarcable, apagada, reducida
mortal, tambaleante
huidiza, declinante, diminuta
efímera, rendida, imperceptible.

Así de madre a hija. De hija a madre.
Aspirar.
Igualar.
Desvanecerse.

(De *El sol y las otras estrellas*)

ADN

No la materia, no.
Las instrucciones para estructurarla.
Un milenario código secreto
                    de ejecución insobornablemente exacta.
Orden, cantidad, turno
capacidad y resistencia.
Intervalo aproximado y máximo.
Hélices duplicadas de información pulsátil
en supremo poder.

Qué regalo imposible. Ya amanece
el mundo te contiene y me contiene.
El día nos abraza mientras alguien
en remota sustancia está emitiendo
mientras alguien descifra, mientras alguien
corrige cada impulso y lo reordena.

Y qué honda algarabía ser mensaje
no comprender la vida y ser su forma.
Amar sin abarcar
pero permaneciendo.

(De *El sol y las otras estrellas*)

LA CASA DEL FUTURO

Veo mis ojos en tu rostro
como si la vida no se desgastara
como si la ocasión de comenzar de nuevo
no terminase nunca.
Dime que tú estarás
cuando se queden los pájaros cantando.

Lo sabe bien la Historia y yo lo intuyo
en el balance
       qué pocas cosas para vanagloriarse
salvo tu eternidad, de eso no hay duda
este feliz milagro de haber sido el arco
que disparó una flecha a la casa del futuro.

(De *El sol y las otras estrellas*)

HAFIDA EL FARISI
(Berrechid, 1974)

Poeta marroquí en lengua árabe. Es periodista, jefe de la sección cultural del periódico *Al Ittihad Al Ichtiraki*. Miembro de la junta directiva de la Asociación Marroquí de Periodismo Cultural. Ha publicado el poemario *Un casco con media cabeza* (2022). Ha sido coordinadora de la edición del libro *El fragmentado*, sobre el poeta Abdel Hamid Bendaoud. Ha participado en los colectivos: *Los iconos se apagan, pero no mueren*, sobre el activista Abdel Rahman Yusufi y *El Niño que fui* publicado por la asociación *El Movimiento de Infancia Popular.* Ha participado en numerosos festivales culturales, seminarios intelectuales, diálogos y programas de radio y televisión.

UN TERCER PULMÓN

Cavo,
y sigo cavando,
¿dónde está la luz que me lleva a ti,
a la voz de Dios en la concha,
al rastro que se borra en la poesía,
al temblor del destello,
cuando se abren los siete cielos
en las manos de un derviche?

Ahora barro las ruinas,
mis pulmones hechos cenizas,
expulso el aire pesado de polvo y fuego,
restauro el reflejo en el espejo,
recompongo las astillas
de mi sangre,
así me brotan alas
de cristal.

Soy el ave que perdió su bando
y regresó a su nido.
Las alas,
optimismo en el aire suspendido,
y las plumas,
bulto del viajero.
¿Cómo florece el canto,
en la corteza del palo?

&

No vuelo,
miro,
una,
dos,
tres veces,
y pliego las alas,
como el resto de las aves.

&

Corro,
Corro.
Como si los vientos me llevaran
un paso adelante,
como si las flautas tocaran
mi canto.
¿Quién casó al viento con una barca de caña?

&

Mi corazón, oh Dios,
es el petricor en la mano de Adán,
un rosario en los dedos de Cristo,
una alfombra en la frente de Mohamed.
Mi corazón, oh Dios,
es una señal de tus milagros,
¿por qué no le encuentro madre ni parecido?

&

Corro y mi sombra me precede,
los bosques de tu sombra se desvanecen.
Me quemo,
y mi rastro en el humo se mantiene.

Corro sin pies,
desde que el vacío es mi calzado.
El viento atrapa mi aliento,
tus manos sostienen el cuello del viento,
y algo parecido al canto
emerge,
de un tercer pulmón,
un tercer pulmón.

(De *Un casco con media cabeza*,
traducción de Fatima Lahssini)

ESPERANDO EL DISPARO

Oh, Señor,
esta mi ceniza
la llevo y me lleva
¿Acaso las llamas aman
al agua?

&

Apegado estás en la moral de la tribu
a espera del destino.
Una paloma soy
a espera
del tiro.

&

Si tuviera que caer,
déjame hundirme en
la profundidad de tu penumbra.

&

Hay
una oda ronca
que necesita labios.

Hay,
cosas perdidas
que requieren restauración.

(De Un casco con media cabeza,
traducción de Fatima Lahssini)

LAMIAE EL AMRANI
(Tetuán, 1980, reside en México)

Es poeta y escritora en lengua española. Doctora en Comunicación y Crítica de la Cultura por la Universidad de Sevilla, tiene un Master en gestión de políticas y proyectos culturales por la Universidad de Zaragoza y la Licenciatura en Lengua y Literatura Hispánica por la Universidad Abdelmalek Essaadi de Tetuán.Actualmente, es coordinadora de posgrados de la Escuela de Humanidades, de la Universidad Modelo (México). Entre sus publicaciones se encuentran: *Verde mar sin alas* (2007), *Un Suspiro inapreciable de una noche cualquiera* (2007), *Lanzas desde una orilla del alma* (2008), *La pasión intimista* (2009), *Tormenta de especias* (2010), *Poesía Femenina y Sociedad, Antología poética Marroquí* (2010), *Poesía Maya Contemporánea, edición trilingüe; maya, español, árabe* (2015) y *Venas del Desierto* (2018). Ha participado en diferentes festivales poéticos e impartido conferencias, coloquios y mesas redondas en distintos países como España, Marruecos, Brasil, Chile, Venezuela y México.

UN SILLÓN DE ÁFRICA

Desierto está el sillón
En el que reposas
Al venir de visita,
Donde reclamas la libertad
De tu corazón apresado
Y resistes a una...felicidad
Que muestras con una vaga sonrisa.
Desierto está ese sillón
En el que te echo de menos
Cuando lo sacudo por la mañana
Y deseo que guarde tu presencia,
Tu memoria, y tu anhelo
Porque si yo los guardo,
Se pueden perder en mi ...
Desierto está ese sillón
En el que el desierto
Está tan desierto.

(Inédito)

AMOR INGRATO

En mi muro de lamentaciones
Siempre te veo a ti,
Amor ingrato que disfruta
De mi entrega y resplandece
Con sus dos estrellas de platino
Cada rincón absurdo
Para suprimir mi ausencia.

(De *Verde mar sin alas*)

MAR DE TRES PICOS

Él sigue creyendo
Que es el actor principal,
Mientras yo he cambiado
De guión varias veces,
Y el protagonista
Ahora es un mar sin alas.

(De *Tormenta de especias*)

LA BOHEME

Ojalá pudiera tener
Cada vez que pienso en ti,
Esas peleas contra el tiempo
Que me entregas
Cada vez que pienso en ti
Y para pensar en ti,
Me dejas navegando
En el universo de la bohême
Para no pensar ni en ti.
Este original pensamiento
Que dilata los músculos
De las horas y los días
Que paso deseando
No pensar en ti,
Aunque creo que a veces
Sí pienso, sin pensar
    Sólo en ti,
     Amor.

(De *Tormenta de especias*)

PÁGINA NUEVA

Siempre una página en blanco
Resulta muy difícil de rellenar
Que una ya escrita
Y con algún que otro garabato
Eso indica que todavía
Puede haber espacio
En blanco o en negro
Qué más da,
Si sigue habiendo ese espacio
Para poder dibujar más palabras
Sobre la libertad, el amor y la paz
Que algún día,
Espero que comprendas.

(Inédito)

FERNANDO VALVERDE
(Granada, 1980, nacionalizado en los Estados Unidos)

Cerca de doscientos críticos de más de cien universidades (Harvard, Columbia, Princeton, Bolonia y la Sorbona entre ellas) lo eligieron el poeta más relevante en lengua española de entre los nacidos después de 1970. Doctor en Filología Hispánica y en Educación y Licenciado en Filología Románica y en Antropología Social y Cultural. Actualmente ejerce como profesor de Romanticismo y Poesía en la Universidad de Virginia. Ha publicado dos biografías sobre Percy B. Shelley y Lord Byron en la UNAM en México. Ha obtenido premios muy relevantes como el Premio Emilio Alarcos del Principado de Asturias, Premio Federico García Lorca para universitarios españoles, Premio Fray Luis de León o el Juan Ramón Jiménez. En 2014 fue nominado a un Premio Grammy por el disco *Jugar con fuego* con el cantaor Juan Pinilla. En 2020 recibió la Orden de José Martí en reconocimiento a la excelencia docente como hispanista en los Estados Unidos.

CELIA

Nacida hoy

No conoces la lluvia ni los árboles,
pero ya eres un bosque.

Hoy que comienza el mundo para ti,
que se pueblan tus ojos con el mar,
que todos te reciben como en una estación
donde se espera siempre,
que es principio y asombro,
mapas que no aseguran un lugar donde ir.

Hoy que el mundo comienza,
tristeza inadvertida,
eres el tiempo limpio,
el olor a madera y el silencio,
las preguntas sin sombras
y el amor sin orgullo del que ha perdido todo.

Es esa mi certeza,
las olas, el océano,
tu risa que es un pájaro.

Has traído el murmullo de un recuerdo,
los pies pequeños, como pequeño
es el rastro de nieve que has dejado
en las horas de enero.

Cómo será la vida cuando crezca en tus manos
con la fragilidad de las buenas noticias,
como un pez que se escurre para volver al río.

Una tarde cualquiera,
con la misma sorpresa que un amor,
vas a sentir la brisa que ha tocado los árboles
con su cansancio antiguo.

Hay veces que es rugosa y escuece como un fósforo
cuando enciende un recuerdo...

Tus manos brillan,
no hay sombras ni puñales,
puedo ver los cometas
arañando la noche
como un barco que zarpa y se adentra en la niebla.

La vida es una casa donde habita un extraño,
un jardín del pasado al que no volverás,
una orilla que buscas con miedo a los fantasmas.

Pero también la vida
es una luz detrás de una ventana
cuando la oscuridad
ocupa cada hueco y cada continente.

Esta noche es oscura,
el tren busca unos brazos
que están al otro lado de las horas.

Mientras, pienso en el modo de decirte
que los sueños son parte de nosotros
como un embarcadero es un viaje.

Porque ya eres un bosque,
y hay delfines, y lagos, y montañas,
y amores imposibles
que se llamarán Celia.

Alguien dice tu nombre en el futuro
y se llena de gente una casa vacía,
todos se sientan a la mesa.

Ya lo habrás olvidado,
fue la felicidad quien sembró este dolor,
fue la felicidad igual que una tormenta
sobre un vaso vacío.

Cuando lleguen el miedo y la desesperanza,
y todas las cerezas hayan caído al barro,
y las gaviotas griten
el olvido imposible de una mujer herida
que siente que avanzar es quedarse más sola…

Si todo esto sucede
recuerda la manera en que la lluvia
se convierte en un árbol
y el modo en que las olas
son el final del agua y el principio del mar.

No conoces el mar, ni el barro, ni los árboles,
pero ya eres un bosque por el que pasa un río.

(De *La insistencia del daño*)

NASSIMA RAOUI
(Rabat, 1988)

Poeta y novelista marroquí en lengua árabe. Sus obras han recibido una gran atención crítica y han sido merecedoras de varios premios literarios tanto a nivel nacional como internacional. Entre sus obras literarias se encuentran: *Antes de que se despierte Tánger* (2012), *Teatro Cervantes* (2017) o *En el borde de un tejado* (2023).

TANGERINA

Tropiezo en las ramas de mi sueño
me arrastro cual una niebla,
un barro que persiste en su alienación,
me hago cómplice de mi voz en la ascensión
y canto a la ciudad…

1

Mezo mis dolores sobre el lecho del alma
con mis sueños y no con el olvido,
a Tánger no se le olvida poner mi memoria en su cesta
cuando baja al mar…

2

En Tánger, algún otoño,
me acuerdo haber perdido mi camino en las partituras,
entonces, fue mi guitarra la que tocaba en mí las melodías
al oído de la ciudad…

3

En Tánger,
el viento golpeaba mi ventana:
acógeme
y sobrevoló un lecho en el sueño…

4

El viento cargado con los tormentos del amor
¿tenía que arrastrar todo lo que se le cruzan a las cortinas
      rojas?
¿En el Hotel al Minzah,
tenía el poema que salir al balcón,
fumándose sus propias imágenes
o disolverla pieza por pieza en el té
para que me vea,
y para que vea mis mariposas?

5

En Tánger caminamos en paralelo
para cruzarnos en la fragilidad,
dejamos caer el firmamento rodando de su puente
nada más
que por estar pegada al mar en sus infinitos límites...

6

... Aquí está mi cabeza, asentada entre los hombros,
cual pregunta a los espejos:
¿qué sería de mí si no fuese la fusión
                de la forma en la forma?
¿qué sería de mí si no fuese una fragilidad
            que vagabundea por las calles de Tánger?
¿qué sería de mí...?

7

En Tánger no vemos en los poemas de Lorca imágenes
multidimensionales,
sino husmeamos su sal mezclada al olor del mar...

8

En Tánger el mar emana del sombrero de un mago
al que le traiciona la agilidad de su mano...

9

Cuanto más me duele la vida
disuelvo una pastilla sol
en un vaso de mar...

Los mares se parecen en el ocaso,
por eso me acuerdo de Copacabana
en la playa...
y quizá para la interpretación del naufragio.

10

En la escalera del barco me libero de mis sentidos
para no esparcirme en el azul...
arranco algunas de mis venas
para no desgarrar los cristales de mi corazón

por el exceso de amor
tú, yo y Tánger nuestra tercera compañera
en el viaje.

(De *Antes de que se despierte Tánger,*
traducción de Khalid Raissouni)

ANTÓLOGOS

FRANCISCO MORALES LOMAS

Doctor en Filología Hispánica. Profesor Titular de la Universidad de Málaga y catedrático de Lengua y Literatura en Instituto. Licenciado en Filología Hispánica y en Derecho. Es Académico en la Academia de Buenas Letras de Granada, Real Academia de Córdoba, Academia Hispanoamericana de Buenas Letras, Real Academia de Nobles Artes de Antequera, Academia Artes Escénicas de España y Academia de Artes Escénicas de Andalucía.

Presidente de la Asociación Andaluza de Escritores y Críticos Literarios (AAEC) durante dieciséis años y actual presidente de honor, miembro de la Asociación Española de Críticos Literarios y de la Asociación Internacional de Críticos Literarios, presidente de la Asociación Internacional Humanismo Solidario desde 2013 y vicepresidente de la ACE-Andalucía. Ha publicado diecisiete libros de poesía reunidos en *La paradoja del caminante* (2022); siete novelas: *Candiota* (2003), *La larga marcha* (2004), *El extraño vuelo de Ana Recuerda* (2007), *Bajo el signo de los dioses* (2013), *Cautivo* (2014), *Puerta Carmona* (2016) y *Las edades del viento* (2020); siete libros de relatos, reunidos en *El ojo del huracán* (2021); setenta y cinco de teatro reunidas en *Teatro Caníbal Completo;* cuarenta y cuatro de ensayo sobre Valle-Inclán, Borges, Antonio Machado, García Lorca, Emilio Prados, Aleixandre, Altolaguirre... teatro, narrativa y poesía contemporáneas; y sesenta y cinco capítulos de libros en editoriales como Peter Lang, Tirant Lo Blanc, Marcial Pons, Anthropos, Siglo XXI, Visor, Hiperión, Comares, Renacimiento, Octaedro, Akal... Un millar de colaboraciones en suplementos y revistas de literatura. Entre los últimos títulos: *Las edades del viento* (2020), *El año del cielo* (2022), *Teatro caníbal completo Volumen VII* (2024), *La narrativa elocuente de Antonio Muñoz Molina (2021), Historia de la literatura española durante la democracia 1975-2020 (2022)* o *Cincuenta años de poesía en Andalucía (1970-2022)* (2023). Invitado a la Feria Internacional del Libro de Guadalajara (México) en 2006, profesor visitante en Francia, Italia, Marruecos, México, Portugal, Suecia o Polonia. Premio Joaquín Guichot, Premio de poesía Rosalía de Castro, Premio Internacional de teatro José Moreno Arenas, Premio Doña Mencía de Salcedo de teatro, Premio de Periodismo, Premio a la Trayectoria Literaria (Ayuntamiento de Campillo de Arenas, Jaén) o Premio Festival Internacional de Plovdiv (Bulgaria). Finalista del Premio Nacional de Literatura (Ensayo) (2006) y en los años 1998, 1999 y 2002 finalista del Premio Nacional de la Crítica y del Premio Andalucía de la Crítica en 1998. Director de Congresos y Cursos de Verano. Miembro de grupos de investigación: G. I. 159 HUM de la Junta de Andalucía, "Recuperación del Patrimonio Literario Andaluz"; Grupo de Investigación I+D+i Las Olvidadas. Coordinador del Máster de Profesorado de Lengua y Literatura en la Universidad de Málaga. Pertenece a diversos comités científicos de revistas y congresos.

JOSÉ SARRIA

Poeta, ensayista, antólogo y crítico literario. Académico Correspondiente de la Real Academia de Córdoba, de la Real Academia de Écija (Sevilla) y de la Real Academia de Antequera (Málaga). Es Miembro Fundador del Club de Amigos de Marruecos (constituido en el Parlamento de España) y presidente de la Asociación de Amistad Andaluza Marroquí - Foro Ibn Rushd. Igualmente, es secretario general de la Asociación de Escritores de Andalucía, miembro permanente del Jurado del Premio Andalucía de la Crítica y secretario general de la Asociación Internacional Humanismo Solidario. Es director de la editorial *Poéticas* y de la revista digital *Hispanismo del Magreb* y asesor literario del Festival Internacional de Poesía de Granada. Ha publicado treinta libros de poesía, narrativa y ensayo. Su obra ha sido traducida al italiano, francés, árabe, inglés, sefardí, rumano y ruso y está incluida en más de cincuenta antologías de poesía y revistas especializadas, nacionales e internacionales de España, México, Italia, Argentina, Israel, Rumanía, Portugal, Inglaterra, Bélgica, Líbano, Catar, Arabia, Chile o Túnez. Se ha especializado en la investigación de la literatura hispanomagregí, estando considerado como uno de los más destacados especialistas nacionales en el estudio de esta neoliteratura con obras como: *Calle del Agua. Antología contemporánea de literatura hispanomagrebí* (2008), *Hijos de la travesía. Poetas árabes actuales en España* (2013), *La Frontera Líquida. Estudios sobre literatura hispanomagrebí* (2019), *Mar de Alborán. Antología de la poesía contemporánea andaluza y marroquí* (2020) o *La palabra iluminada. Antología contemporánea de la poesía hispa-nomagrebí* (2023). Ello le ha llevado a ser ponente, sobre esta materia, en Universidades de España, Estados Unidos, Marruecos y Túnez, en los Institutos Cervantes de Marruecos y Túnez, así como en los cursos de verano de la Universidad Internacional de Andalucía (UNIA). Finalista del Premio Nacional de la Crítica y Finalista del Premio Nacional de Poesía (Ministerio de Cultura) y finalista del Premio Andalucía de la Crítica; Premio Internacional de relatos Cuentos del Estrecho (Diputación de Cádiz), Premio Nacional de Poesía Rosalía de Castro (Diputación de Córdoba), Medalla de Oro del Círculo Intercultural Hispano-Árabe, Premio Pablo Neruda de Poesía (Taranto, Italia) y Premio a la Excelencia en Cultura y Compromiso Social Ciudad de Galateo - Antonio de Ferraris (Milán, Italia), entre otros reconocimientos. Está Incluido en la Enciclopedia General de Andalucía.

TRADUCTORES

FÁTIMA LAHSSINI

Doctora en Literatura Española Moderna por la FLSH-Universidad Hassan II de Casablanca. Actualmente, es profesora en la Facultad de Lenguas y Artes de la Universidad Hassan I de Settat. Sus principales líneas de investigación incluyen la literatura hispano-lusa desde una perspectiva de género, la didáctica de lenguas y la traducción literaria. Además, es Secretaria General de la Asociación Marroquí de Estudios Ibéricos e Iberoamericanos, Coordinadora Internacional del Centro Cultural Tablas y Plumas (Chile) y Directora Ejecutiva Lingüística en la Organización Mundial de Certámenes Artísticos (España). Forma parte de los comités de redacción y lectura de revistas académicas en Marruecos y Egipto, y colabora con periódicos electrónicos marroquíes. Entre sus traducciones más destacadas se encuentran *Conquista del Aware* de Gloria Young y *Querida amiga*, antología del cuento femenino español.

FRANÇOIS-MICHEL DURAZZO

Es poeta de lengua corsa y traductor de lenguas romances (castellano, catalán, gallego, italiano, occitano, portugués, corso), pero también de griego y turco. Ha traducido alrededor de un centenar de obras (novelas, cuentos, poemarios) al francés, pero también a otras lenguas (catalán, corso, español, italiano). Es, sobre todo, traductor de poetas y novelistas hispanófonos y catalanes. En 2014 recibió el Premio de Traducción Poética Alain Bosquet por su traducción del griego de *Figure de l'absence* de Yannis Ritsos, en 2020 el Premio de Traducción Laure-Bataillon por *Le Testament d'Alceste* de Miquel de Palol (Zulma); en junio 2023, su traducción de *Miroir de nuit profonde* de Jaume Pont recibió el Premio Mallarmé de Extranjería, y su traducción, *Cette mince ligne de partage*, de la mexicana Silvia Eugenia Castillero obtuvo la "Mención Especial" del jurado del Premio de Poesía Pen Club.

KAMAL ENNAJI

Doctor en Filología hispánica. Actualmente, es director del Departamento de Lengua y Literatura Hispánicas de la Facultad de Letras y Ciencias Humanas Dhar El Mahraz de la Universidad Sidi Mohamed Ben Abdellah de Fez (Marruecos). Es, además, coordinador del Máster "Traducción especializada y español con fines específicos" de la misma Facultad. Es miembro del laboratorio de investigación "Langue, Littérature, Imaginaire et Esthétique" de la mencionada Universidad. Ha participado en congresos nacionales e internacionales y ha publicado artículos científicos en varias revistas. Ha traducido del árabe al español la novela *Un adiós en Tánger*, de Abdelhay Moudden, y del español al árabe los dos poemarios de Aziz Tazi: *Último aviso* y *Polvo de estrellas*. Se interesa por temas de traducción, lingüística y análisis del discurso literario.

KHALID RAISSOUNI

Poeta y traductor marroquí. Licenciado en Literatura Árabe. Miembro de la Unión de Escritores de Marruecos, de la Casa de la Poesía en Marruecos y de la redacción de la revista *Al-Beyt*. Ha traducido los textos: *Sobre los Ángeles* (Rafael Alberti), *Diario cómplice* (Luis García Montero), *Pronunciación desconocida* e *Invención del enigma* (Jorge Urrutia), *Hoy es niebla* (José Ramón Ripoll), *Paralajes*, *El libro de los pájaros* y *la indetenible quietud*, *Fractales*, *Arcángel de sombra* y *Los secretos del bosque* (Clara Janés), *Obras poéticas escogidas* (Federico García Lorca), *El libro tras la duna* (Andrés Sánchez Robaina), *Soledades, galerías y otros poemas* y *Campos de Castilla* (Antonio Machado), *Cien poemas y un poeta* (José Manuel Caballero Bonald), *Descripción de la mentira* y *Arden las pérdidas* (Antonio Gamoneda), *En resumen* (Leopoldo de Luis), *Valer la pena* (Juan Gelman), *El hacedor de los Espejos* (Juan Manuel Roca) y la *Obra Poética de J. L. Borges*.

LA CASA DE TRADUCCIÓN (Bayt atarŷama)

Es un grupo de investigadores hispanistas marroquíes, que enseñan español y traducción en distintas universidades marroquíes. El grupo ha sido creado con el fin de promover y dar a conocer la literatura marroquí al mundo de habla hispana a través de la traducción de obras literarias de autores marroquíes renombrados, tal es el caso de la gran poeta marroquí Malika El Assimi, cuyo poemario *Ser caballo* ideado y coordinado por Souad Dahori, ha sido trasladado al español por Bayt atarŷama en 2022. Entre los objetivos de La Casa de Traducción figura también la traducción del español al árabe de obras literarias españolas, caso del poemario *Kasbah*, cuya traducción está en curso por los miembros de La Casa. El poemario lo han compuesto poetas españoles, como Héctor José Rodríguez Riverol, Maritxé Abad i Bueno, etc., y otros marroquíes que escriben en español como Rachid Boussad. Los componentes del grupo de traducción son: Souad Dahori, Nadia Baline, Driss Ouldelhaj, Khalid Lehrach, Abdallah Louizy, Rachid Boussad y Zakaria Marchoud.

MARIBEL LÁZARO DURÁN

Profesora Titular de lengua y literaturas árabes de la Universidad de Granada, ha compartido su vida docente e investigadora con diversos cargos académicos: Vicedecana de Biblioteca de la Facultad de Filosofía y Letras, y Directora del Departamento de Estudios Semíticos. Sus publicaciones versan especialmente sobre la Modernidad árabe, la literatura de mujeres y también la literatura y la didáctica de la lengua árabe en Marruecos. Ha dirigido numerosos trabajos de investigación. Es traductora (árabe/español), y ha compatibilizado su vida académica con otras actividades socio-culturales, entre ellas, la coordinación del Club de Lectura KUTUB de la Fundación Euroárabe, la Cátedra Al-Babtain de la Universidad de Granada (octubre de 2012-2013) y la fundación del Ateneo de Granada, en 2009, del que fue su presidenta durante los años 2010-2012. Actualmente, jubilada.

RAFAEL ANTÚNEZ ARCE

Graduado en Traducción e Interpretación. Doctor en Teoría de la Literatura y Literatura Comparada. Ha publicado los siguientes libros de poesía: *Las sílabas que son de tu mirada* (1997), *La batalla de la luz* (2001), con el que ganó el Accésit del premio Rosalía de Castro, *Nada que decir* (2002), con el que ganó el Accésit del premio Adonais del año 2001, *Los nombres de Helena* (2006), *Sentado junto al muro* (2012) y *Hará sol* (2020), libro este último con el que ganó el XVIII premio de poesía Vicente Núñez. Realizó la versión adaptada al español actual del *Tratado de la oración y meditación* de San Pedro de Alcántara, junto a Raúl Alonso, (2010) y de *Subida al monte Carmelo* de San Juan de la Cruz en solitario (2015). Ha realizado junto a Juan Antonio Bernier la traducción del libro *Du domaine* (*Del dominio*) del poeta francés Guillevic (2022). También ha traducido a la poeta francófona Siham Bouhlal, y realizado otras traducciones de poetas franceses que aún permanecen inéditas: Mathurin Régnier, Lionel Ray o Edmond Jabès.

RAJAA DAKIR

Profesora investigadora, especialista en literatura latinoamericana, interculturalidad y traducción, en el Instituto Universitario de Estudios Africanos Euromediterráneos e Iberoamericanos de la Universidad Mohammed V de Rabat, desde el año 2017. Profesora de Literatura Latinoamericana y de traducción, Departamento de Hispánicas, Facultad de Letras y Ciencias Humanas Ain Chock, Casablanca (1994-2017). Miembro del Laboratorio de investigación "Lengua, traducción, comunicación y cultura" de la Facultad de Letras y Ciencias Humanas, Universidad Mohammed V de Rabat. Miembro del Laboratorio de Investigación sobre el mundo ibérico e iberoamericano de la Facultad de Letras Ain Chock de la Universidad HassanII de Casablanca. Miembro fundador de Asociación Marroquí de Estudios Ibéricos e Iberoamericanos (AMEII). Tiene publicados libros, artículos y traducciones. Participó en diversos eventos académicos nacionales e internacionales.

SAHAR OUAFQA

Es doctora en Estudios Hispánicos por la Universidad Hassan II (2020), con una tesis titulada *La literatura marroquí en español. El caso de la novelística de Mohamed Bouissef Rekab*. Su investigación ha dado lugar a diversas publicaciones y presentaciones en conferencias nacionales e internacionales. Sahar es traductora e interprete; en 2022 publicó su traducción del libro *Guía del periodismo deportivo*. Además, colabora con Qatar Foundation, Al Jazeera Media Institute, FAIR- Qatar, Embajada de Paraguay en Qatar y las revistas Atalayar y SureS, así como con el suplemento cultural del diario marroquí *Al'Alam*. Fue fundadora y presidenta de la Asociación Estudiantil Alba de Hispanistas (2009-2014). Es miembro de varias asociaciones como la Asociación de Amistad Andaluza Marroquí — Foro Ibn Rushd y el African Literature Association. También ha escrito relatos de ficción, incluyendo *Muerte inconclusa* (2020) y *Carta chica de Morafina* (2024).

VICTORIA KHRAICHE RUIZ-ZORRILLA

Es doctora en Estudios Semíticos y profesora de Lengua y Literatura Árabe en la Universidad Complutense de Madrid. Ha traducido el libro de poemas *Tristezas de siempre*, de Abdel Rahman al-Abnoudy, y los poemas en lengua árabe incluidos en la antología de poesía marroquí *Al sur de la palabra*, editada por Juan Antonio Tello Casao; asimismo, las novelas *El girasol azul*, de Rima Bali, y *Tierra de fiebres*, de Ibrahim Nasrallah, está última en colaboración con Luis Miguel Pérez Cañada.

ÍNDICE